Viva a tese!

Maria Ester de Freitas

Viva a tese!

UM GUIA DE SOBREVIVÊNCIA

FGV
EDITORA

ISBN — 85-225-0359-1

Direitos desta edição reservados à
EDITORA FGV
Praia de Botafogo, 190 — 14º andar
22253-900 — Rio de Janeiro — Brasil
Tel.: 0800-21-7777 — 0-xx-21-2559-5533
Fax: 0-xx-21-2559-5541
e-mail: editora@fgv.br
http://www.fgv.br/publicacao

Impresso no Brasil / *Printed in Brazil*

1ª edição — 2001

REVISÃO DE ORIGINAIS: Maria Lucia Leão Velloso de Magalhães

EDITORAÇÃO ELETRÔNICA: Simone Ranna

REVISÃO: Fatima Caroni e Sandra Pássaro

CAPA: Visiva Comunicação e Design

ILUSTRAÇÕES DE CAPA E MIOLO: Tércio Oliveira Monteiro

Ficha catalográfica elaborada pela Biblioteca
Mario Henrique Simonsen/FGV

Freitas, Maria Ester de
Viva a tese! Um guia de sobrevivência / Maria Ester de Freitas; ilustrador Tércio Oliveira Monteiro. — Rio de Janeiro : Editora FGV, 2001.
108p.

1. Teses. I. Fundação Getulio Vargas. II. Título

CDD — 378.242

A todos os que fizeram, fazem e farão uma tese.
E a todos os que agüentaram, agüentam e agüentarão os fazedores de tese.

Sumário

Apresentação

Quando falei a alguns amigos, colegas e alunos — atuais e antigos — que estava escrevendo "algo" sobre o processo de fazer teses, percebi claros sinais de curiosidade cínica, umas risadinhas matreiras disfarçadas em boas doses de incentivo e até um certo aplauso por tentar decifrar — para os mortais, é claro — o mistério que envolve essa tarefa árdua, solene, solitária, sinuosa e tão pouco valorizada.

Felizmente nenhum deles me considerou uma "miss M", traidora dos segredos que devem ficar incrustados nas paredes das bibliotecas, ou das confidências doloridas feitas ao pé do ouvido dos travesseiros preferidos, sem falar das mil idéias anotadas em guardanapos de papel, com cheiro de uma bebida qualquer. (Todo fazedor de tese que se preza anda cheio de pedacinhos de papel nos bolsos, na bolsa, na pasta, na carteira, no carro...)

Para quem está sendo batizado por este fogo agora ou já o foi, é absolutamente auto-explicativa a frase "eu estou fazendo tese". Ela funciona como um código, uma senha, uma palavra-chave que define um estilo de vida ou uma forma de ser. Para os neófitos, essa frase desperta apenas a vontade de perguntar: "e daí?", "e eu com isso?" Triste do infeliz que ousar verbalizar tal afronta!

Uma amiga minha, que está fazendo sua primeira tese, andou "fuçando coisas na Internet" e deu de cara com uma crônica do Mário Prata.[1] Enviou-me, eu a recebi como um doce presente e, de tanto amá-la, reproduzo-a aqui, à guisa de apresentação deste ensaio. Diz assim:

"Uma tese é uma tese

Sabe tese, de faculdade? Aquela que defendem? Com unhas e dentes? É dessa tese que eu estou falando. Você deve conhecer pelo menos uma pessoa que já defendeu uma tese. Ou esteja defendendo. Sim, uma tese é defendida. Ela é feita para ser atacada pela banca, que são aquelas pessoas que gostam de botar banca.

As teses são maravilhosas. Em tese. Você acompanha uma pessoa meses, anos, séculos, defendendo uma tese. Palpitantes assuntos. Tem tese que não acaba nunca, que acompanha o elemento até a velhice. Tem até teses pós-morte. O mais interessante na tese é que, quando nos contam, são maravilhosas, intrigantes. A gente fica curiosa, acompanha o sofrimento do autor, anos a fio. Aí ele publica, te dá uma cópia e é sempre — sempre — uma decepção. Em tese.

Impossível ler uma tese de cabo a rabo. São chatíssimas. É uma pena que as teses sejam escritas apenas para o julgamento da banca circunspecta, sisuda e compenetrada em si mesma. E nós? Sim, porque os assuntos, já disse, são maravilhosos, cativantes, as pessoas são inteligentíssimas. Temas do arco-da-velha. Mas toda tese fica no rodapé da história. Pra que tanto sic e tanto apud? Sic me lembra o Pasquim e Apud não parece candidato do PFL para vereador? Apud Neto.

Escrever uma tese é quase um voto de pobreza que a pessoa se autodecreta. O mundo pára, o dinheiro entra apertado, os filhos são abandonados, o marido que se vire. Estou acabando a tese. Essa frase significa que a pessoa vai sair do mundo. Não por uns dias, mas anos. Tem gente que nunca mais volta.

E, depois de terminada a tese, tem a revisão da tese, depois tem a defesa da tese. E, depois da defesa, tem a publicação. E, é claro, intelectual que se preza, logo em seguida embarca noutra tese. São os profissionais, em tese. O pior é quando convidam a gente para assistir à defesa. Meu Deus, que sono. Não em tese, na prática mesmo.

[1] *O Estado de S. Paulo*, 7-10-1998, reproduzida com a autorização do autor, a quem agradeço a gentileza.

Orientados e orientandos (que nomes atuais!) são unânimes em afirmar que toda tese tem que ser — tem que ser! — daquele jeito. É pra não entender mesmo. Tem que ser formatada assim. Que na Sorbone é assim, que em Coimbra também. Na Sorbone, desde 1257. Em Coimbra, mais moderna, desde 1290.

Em tese (e na prática também) são 700 anos de muita tese e pouca prática. Acho que, nas teses, tinha que ter uma norma em que, além da tese, o elemento teria de fazer também uma tesão (tese grande). Ou seja, uma versão para nós, pobres teóricos ignorantes que não votamos no Apud Neto.

Ou seja, o elemento (ou a elementa) passa a vida a estudar um assunto que nos interessa e nada. Pra quê? Pra virar mestre, doutor? Se ele estudou tanto aquilo, acho impossível que ele não queira que a gente saiba a que conclusões chegou.

Mas jamais saberemos onde fica o bicho da goiaba quando não é tempo de goiaba. No bolso do Apud Neto? Tem gente que vai para os Estados Unidos, para a Europa, para terminar a tese. Vão lá nas fontes. Descobrem maravilhas. E a gente não fica sabendo de nada. Só aqueles sisudos da banca! E o cara dá logo um dez com louvor. Louvor pra quem? Que exaltação, que encômio é isso? E tem mais: as bolsas para os que defendem as teses são uma pobreza. Tem viagens, compra de livros caros, horas na Internet da vida, separações, pensão para os filhos que a mulher levou embora. É, defender uma tese é mesmo um voto de pobreza, já diria São Francisco de Assis. Em tese.

Tenho um casal de amigos que há dez anos prepara suas teses. Cada um, uma. Dia desses a filha, de 10 anos, no café da manhã, ameaçou:

— Não vou mais estudar! Não vou mais à escola!

Os dois pararam — momentaneamente — de pensar nas teses.

— O quê? Pirou?

— Quero estudar mais não. Olha vocês dois. Não fazem mais nada na vida. É só a tese, a tese, a tese. Não podem comprar bicicleta por causa da tese. A gente não pode ir para a praia por causa da tese. Tudo é pra quando acabar a tese. Até trocar o pano do sofá. Se eu estudar vou acabar numa tese. Quero estudar mais não. Não me deixam nem mexer mais no computador. Vocês acham que eu vou deletar a tese de vocês? Pensando bem, até que não é má idéia!

Quando é que alguém vai ter a prática idéia de escrever uma tese sobre a tese? Ou uma outra coisa sobre a vida nos rodapés da história? Acho que seria uma tesão."

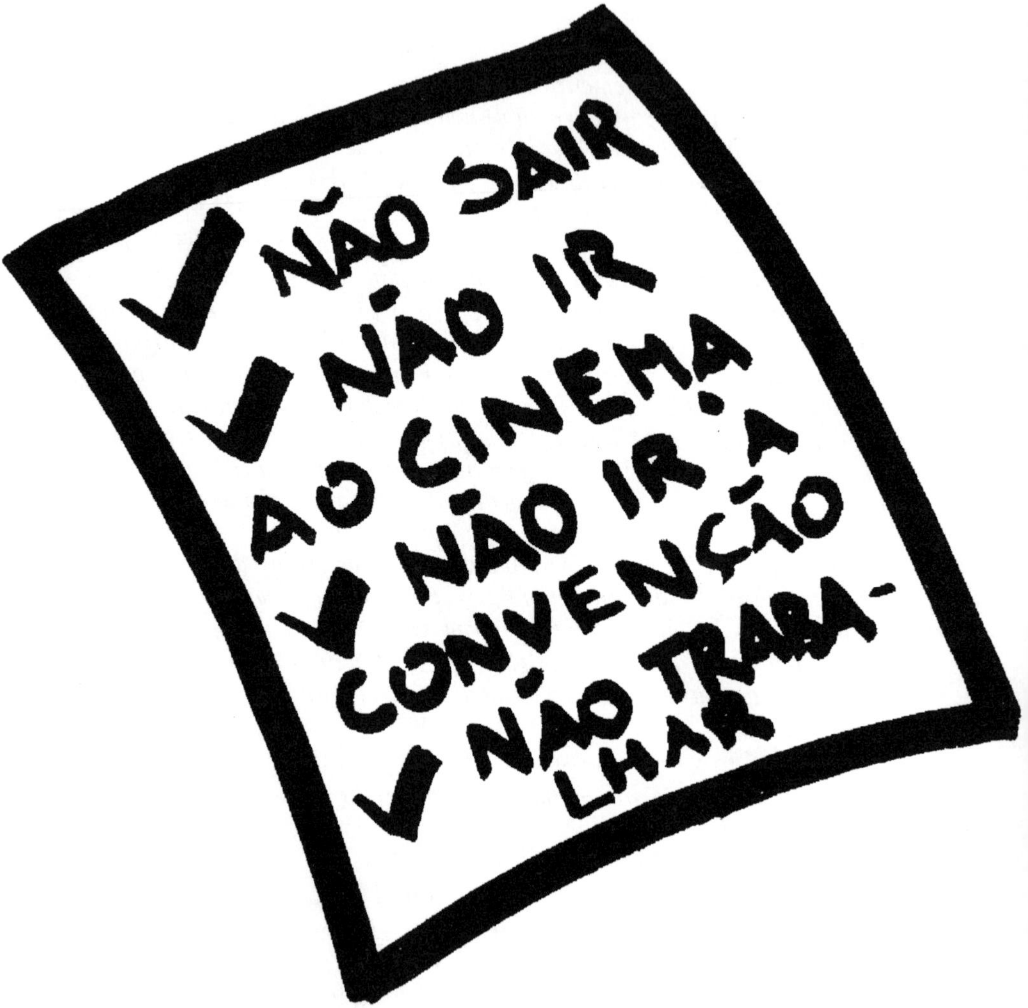
NÃO SAIR
NÃO IR AO CINEMA
NÃO IR À CONVENÇÃO
NÃO TRABALHAR

Introdução

A apresentação da minha dissertação de mestrado[2] começa assim: "*Supomos que toda dissertação, toda tese, tenha uma história. Esta história é construída a partir das mil definições do objeto, das mudanças de perspectiva, das indecisões, dos cenários novos, da coisa mais recente que se leu sobre o assunto, das inseguranças sobre tudo que não foi lido, da 'paranóia' sobre a qualidade do escrito, das vontades de rasgar tudo e recomeçar, dos ataques de inspiração e da falta dela. Enfim, uma diversidade de estados de espírito que, por si só, merece uma tese*". Creio que — de certa maneira — eu assinei uma sentença quando escrevi essas linhas, que expressavam corretamente o que eu senti após ver o meu trabalho concluído.

Durante o meu doutorado, me auto-observando e observando os colegas tão "ensandecidos" quanto eu, recordei-me várias vezes daquele "compromisso" que eu nunca formalizara comigo mesma, mas que estava lá o tempo todo. Eu tinha sempre a sensação de estar me devendo algo ou de estar me esquecendo de uma promessa feita, ainda que nenhuma das duas coisas fosse verdade. O contato diário com os colegas, as inquietações sobre o objeto da minha predileção, a ausência do meu útero acadêmico principal e a adaptação a um novo durante o ano e meio do Programa Bolsa Sanduíche,[3] em Paris, assim como o enfrentamento

---

[2] Para os que precisam conferir, ver Maria Ester de Freitas, Cultura organizacional — grandes temas em debate (EAESP/FGV, 1989. p. X).

[3] Esse programa, financiado pela Capes e pelo CNPq, destina-se a alunos de doutorado, que fazem seus créditos no Brasil e parte da pesquisa da tese no exterior, em média durante um ano.

de outras vivências e desafios que o acaso me proporcionou reforçavam a tentação de dividir o mundo entre as pessoas que fazem tese e as que não fazem. Felizmente, nem sempre consegui, ainda que continue pensando que a época da tese é quase uma vida dentro da vida.

De vez em quando, a "tese sobre fazer tese" me vinha à mente; e era sempre um espírito compreensivo, caloroso e cúmplice que eu via escrevendo sobre essas histórias incomuns de personagens comuns. Evitei levar esse projeto a cabo logo após o meu doutorado, concluído em 1997, por receio de ser influenciada por uma possível contaminação com cheiro de desabafo ou, pior, de supervalorizar as experiências boas e ruins que surgiram no caminho. Mas sempre acariciei a idéia de escrever sobre nossa relação com a tese; várias vezes esbocei idéias de capítulos, títulos, e cheguei mesmo a elaborar um roteiro das entrevistas que faria com alunos que moraram fora do Brasil. Adiei várias vezes o início desse projeto, fiquei quietinha observando, fermentando a ruminação necessária, e creio que agora chegou o momento.

Uma das primeiras coisas que ficou marcada na minha própria experiência e na observação das alheias foi constatar que os fazedores de teses geralmente incorrem em um ou outro dos seguintes erros fundamentais.

Há aqueles que pensam que tudo o que lhes acontece — de bom e de ruim — nessa fase, acontece apenas com eles; engano número 1, pois os fazedores de tese passam mais ou menos pelas mesmas situações, mudando apenas os endereços, os matizes e os tempos de ocorrência. As situações gostosas, dolorosas e embaraçosas (não necessariamente nesta ordem) se repetem, variando apenas de intensidade, e deixam marcas mais fáceis ou mais difíceis de serem apagadas, dependendo do grau de resistência da pele interior do protagonista.

Um segundo engano fundamental (oposto ao primeiro) é presumir que, como as situações são relativamente conhecidas e repetitivas, são também simples e os personagens envolvidos já sabem como lidar com elas. Este erro costuma ser mais mortal que o primeiro, pois leva à negligência, ao descuido e à superestimação da própria capacidade de não se envolver emocionalmente com a situação. Enquanto o primeiro erro pode conduzir à depressão e à autopiedade — *"isto só acontece comigo"* —, o segundo pode levar à megalomania — *"eu vou tirar tudo isso de letra"*, *"deixe estar, comigo será diferente"*.

São ignorados os conselhos, sugestões ou avisos ditados pelo bom senso suado dos que já sobreviveram a uma tese, como os já clássicos: *"vá organizando sua bibliografia desde o início"*, *"não espere pela última hora"*, *"não ignore o seu orientador"*, *"guarde as referências completas das citações que você usará"*, *"programe-se para conseguir tirar férias"*, *"procure equilibrar seu trabalho e seu lazer"*, *"se você trabalhar re-*

gularmente e com disciplina, não precisará se ausentar do mundo", "sua tese é importante, mas não é maior que você", "ninguém faz tese sozinho, portanto não brigue com seus amigos, seus amores ou sua família"...

Muitas situações, sensações e sentimentos são quase impossíveis de assimilar sem a experiência pessoal, mesmo quando bem descritos. Nós conseguimos sentir o gosto da *madeleine* de Proust porque sabemos o que é um biscoitinho de farinha de trigo, conhecemos o gosto do açúcar e da manteiga, o gosto e o perfume do limão ou da laranja... e o gostinho da saudade. Quero dizer: conseguimos sentir o gosto que ele tão bem descreve em parte porque se trata de um gosto que já nos é familiar.

No caso da dissertação ou da tese (para simplificar, doravante direi apenas tese), mesmo correndo o risco de deificá-la, creio que apenas quem fez ou está fazendo uma consegue apreender todas as nuances dessa vivência. Os leigos no assunto trazem sempre estampado no rosto um ar de indagação: *"o que foi que você viu nesse assunto? Isso vai servir pra quê? Por que você vai gastar esse tempo todo se isso não vai dar dinheiro? Você não pode fazer um negócio mais simples? Faz alguma diferença para o mundo se você fizer isso? O que acontece se você não fizer? Por que isso te põe tão nervoso, é só um trabalho como outro qualquer"*. A gente tem sempre a sensação de que precisa legitimar nosso interesse, legitimar a importância do nosso objeto e, pior, legitimar a nossa dor. Os olhos que nos observam quase sempre nos acusam de exagerados, melodramáticos, masoquistas e até de carentes dissimulados em busca de atenção. Às vezes, e somente às vezes, isso pode ser verdade...

Uma tese se presta a várias finalidades, incluindo o cumprimento de uma exigência burocrática para a concessão de um título e, eventualmente, uma melhor qualificação para um emprego que se tem em vista. Mas a tese preenche também uma função social — a de avançar no conhecimento de um certo assunto. Qualquer que seja o tipo de trabalho desenvolvido, sempre acrescentará algo ao estoque existente. A mais modesta das teses representa mais uma contribuição ao saber. Seja pela nova perspectiva que explora, seja pelo novo olhar que lança sobre uma bibliografia clássica, ela significa sempre mais uma possibilidade de provocar novos *insights*. Tem-se ainda que considerar que a tese é parte indissociável da formação de um pesquisador, e que este será um elemento multiplicador onde quer que esteja: na academia, no laboratório, na empresa, no governo, nas comunidades científicas.

Portanto, a reivindicação de genialidade para toda e qualquer tese não se sustenta, pois a tese se justifica não por ser um fim em si mesma, mas pelo potencial de mudança que propiciará.

Sardinhas e brasas do mesmo lado, porque ninguém é de ferro. Estou firmemente convencida de que a natureza do trabalho acadêmico determina boa parte das situações que vivemos nessa época e as exigências emocionais que se nos apresentam. É um projeto especial, sem demérito dos demais, que mobiliza todas as forças do sujeito, pois trata-se de uma tarefa anti-social e excludente, desestabilizadora de certezas intelectuais, comportamentais e emocionais, desenvolvida a longo prazo. Esse conjunto de características intrínsecas torna o trabalho extremamente gratificante quando concluído, pois este consome e produz grande dose de energia psíquica e exige enorme tolerância à ausência de *feedbacks* imediatos, além de impor uma severa cobrança de exclusividade, coisas difíceis de suportar por tempo tão longo.

Estamos sempre dimensionando mal o tempo necessário para cada uma das fases, corremos contra o relógio e, como num movimento circular, quanto mais achamos que precisamos de tempo, mais ele é escasso e traidor. Aliás, é comum enxergarmos traidores por todos os lados: na bibliografia, no orientador, no maldito computador e/ou impressora (que resolveram pifar justo quando mais precisávamos deles), nos vírus recebidos de algum *hacker* entediado no meio do inferno, nos prováveis membros da banca, nos amigos que não nos suportam por mais de meia hora, nos casos amorosos que ficaram de saco cheio e se foram (infelizmente até alguns casamentos também não resistem à prova).

No fim, só sobram eu e minha tese contra o mundo!

Não existe isso de tese feita apenas pelo seu autor. Para que ela seja possível, é necessário estabelecer muitas alianças. A página de "agradecimentos" revela muito sobre a trajetória da tese, seu autor e as alianças objetivas e afetivas que firmou. A busca de cumplicidade é extremamente saudável e penso mesmo que seja indispensável, pois significa poder respirar a tese e falar sobre ela; poder rir dos ataques que nos fazem quase chorar (às vezes chora-se mesmo duras lágrimas salgadas); ouvir as estórias dos outros; saber que esse desespero é temporário e que tudo isso vai passar.

Mas atenção: assim como é muito importante não fazer da tese um tabu, também é essencial ter um pouco de lucidez e de juízo para perceber que ninguém — nem mesmo o melhor amigo do mundo — tem a obrigação de nos ouvir dizer cobras e lagartos todas as vezes que nos encontra (assim como a nossa, a paciência dos outros tem limites que a nossa tese ignora). Este é um aprendizado muito útil: ficar ligado nos sinais alheios e saber cair fora antes de ser dispensado, com ou sem educação. Se mais não for, porque um pouco de amor-próprio faz bem!

Existem sempre algumas escolhas cruciais a fazer durante a tese. São escolhas inevitáveis e somos compelidos a descobri-las o mais rápido possível! Já que sofrer é preciso, procure também se divertir. Você pode ser ranzinza ou bem-humorado, mas não esqueça que a tese nunca será realmente uma questão de vida ou morte. Uma coisa é certa: quando você tiver acabado a tese (o que só irá descobrir quando isso acontecer ou não acontecer), vai dar muitas risadas e se flagrará contando histórias dela e sobre ela para fazer os outros rirem. Essas gargalhadas são deliciosas! É um momento glorioso e imperdível! Para vivêlo, sobreviva à sua tese e seja muito bem-vindo ao clube.

Agradeço aos meus alunos da pós-graduação, especialmente às minhas ex-orientandas Valéria Valentini, Florence Curimbaba e Cecília Camargo, por histórias tão diferentes e tão humanas e por terem depositado enorme confiança na minha estréia como orientadora; aos professores e amigos que apertaram ainda mais as suas agendas enlouquecidas para me darem sua contribuição ao último capítulo e aos que, mesmo impossibilitados por alguma razão, me emprestaram todo o seu carinhoso e entusiasmado apoio para tocar este trabalho; aos colegas e amigos que me honraram com a sua confiança, contando-me suas próprias histórias, e que também abusaram da minha paciência; a todos os que agüentaram os meus *strip-teases* de alma em várias situações; aos meus sempre orientadores Carlos Bertero, Fernando Prestes Motta e Eugène Enriquez, que tiveram a lucidez de também saber a hora certa de me jogar um balde de água fria quando as minhas inquietações me consumiam; aos meus cúmplices, muitas vezes ausentes, mas que sempre festejam comigo as minhas preciosas conquistas no cotidiano; ao Enriquez, por ter simplesmente um dia me brindado com a brilhante, grandiosa e humilde frase "você acha que eu sou Deus para ter respostas para isso tudo?"; ao Breno Serson, por ter generosa e cuidadosamente feito a primeiríssima leitura do manuscrito e que, com muito jeito, me deu sugestões cruciais; ao Tércio, que com muita boa vontade e correndo contra o tempo criou o personagem que anima o texto; à Tânia Fischer e à Liliana Segnini, pela garra e zelo com que fazem os seus trabalhos acadêmicos exemplares; e a você, bom leitor, que espero possa também aprender rindo comigo e a quem convido a enviar-me a sua própria história.

No mundo das intenções...

Aviso aos navegantes: este não é um livro de auto-ajuda, embora eu espere que lhes seja de alta ajuda. Este texto também não pretende lhes dizer como fazer uma tese; isso é entre vocês e seus orientadores/as;[4] além do mais, as livrarias estão cheias de bons livros sobre "como fazer uma tese" ou "a arte de fazer tese". Creio que o próprio Umberto Eco se surpreende com o imenso sucesso de seu livro, que muito apropriadamente recebe os agradecimentos de quase todos os fazedores de teses, os meus inclusive.

Este trabalho também não pretende substituir o seu orientador. Essa é uma relação extremamente importante e indispensável. É claro que você pode procurar outros professores, ouvir seus conselhos e de colegas, aproveitar a experiência de outros que já trilharam o mesmo caminho — tudo isso cabe e é desejável. Mas o seu orientador é quase sagrado. Se você não o considerar assim, tem algo errado na relação de vocês. Se ele não faz diferença para você ou você para ele, procure um que faça, mas seja honesto e delicado na operação de passagem.

Por fim, a intenção aqui também não é substituir os seus colegas, nem as pessoas que gostam de você. Ao longo da feitura da tese usamos e abusamos da paciência e da generosidade de muita gente. Os nossos colegas que estão no mesmo barco, quando derramamos sobre eles as nossas inquietações, esperam legitimamente por uma reciprocidade. É verdade que nem todos estão dispostos a nos ouvir quando é

---

[4] Peço permissão às leitoras para abandonar essa chatice de os/as, es/as. É claro que o universo feminino fazedor e orientador de tese está aqui presente e representado pela própria autora.

chegada a nossa vez; aliás, alguns querem que existamos apenas para ouvi-los bem caladinhos. Mas ainda assim participam da mesma maratona e pertencem à rede de solidariedade implícita que — tudo somado, diminuído, multiplicado e dividido — produz um resultado sempre positivo.

Outras pessoas, porém, são completamente alheias a esse ambiente. Também têm as suas vidas, as suas prioridades, as suas próprias necessidades a serem satisfeitas. Elas não entendem, nem querem entender, nem precisam saber nada do nosso objeto de estudo, nem tampouco que diabos é uma tese. Mas sabem (ou precisam saber) quando precisamos de um ouvido carinhoso ou de um abraço atento (ou vice-versa). Essas pessoas também são insubstituíveis e nenhuma tese vinga sem seu apoio.

Às vezes o apoio vem, mas a pressa do autor é tamanha que ele se esquece de agradecer. É preciso ter cuidado. Alguns esquecimentos são imperdoáveis... depõem contra quem os cometeu e seu autor não raro recebe olhares de profunda reprovação. Aliás, existe no mundo acadêmico um código silencioso sobre o significado da ausência de agradecimentos ao orientador. Mais que um possível esquecimento, essa ausência pode injustamente ser entendida como uma relação que não foi importante e nada acrescentou ao aluno, como o não-cumprimento do papel do orientador ou como indício de uma convivência conflituosa. Na maioria das vezes essa é uma situação constrangedora para o orientador e seus pares. A banca lê todos os detalhes e fica sem graça tentando descobrir sinais... O aluno nem se dá conta de que uma omissão dessa natureza — às vezes merecida, às vezes cometida por negligência e esquecimento — pode comportar diferentes interpretações e injustiças (se for verdadeiramente justa, sugiro que seja mantida). É verdade que existem pessoas que têm dificuldade de expressar gratidão — afinal, o mundo lhes deve alguma coisa e, portanto, precisa servi-las... Saber reconhecer e saber agradecer é uma assinatura da alma. A página de agradecimentos fala muito sobre o autor, enquanto a bibliografia fala muito sobre o possível trabalho.

Acredito piamente que viver uma tese é uma arte. Este ensaio pretende ser um cúmplice nessa arte. Se você vai ter mesmo que dedicar uns bons anos de sua vida a este trabalho, é melhor que faça isso apenas com as dores necessárias. Você vai descobrir que o trabalho é fascinante, mas tem espinhos, armadilhas, e provoca arranhões e cortes. Nenhum aprendizado é gratuito. Em contrapartida, tudo o que você conquista ninguém pode tirar; é tudo seu, para o melhor ou o pior. É claro que como a nossa natureza é rebelde, com e sem causa, somos todos um pouquinho masoquistas e experimentamos um certo prazer em tentar ser diferentes. Aí as dores necessárias são acrescidas de um delta. Essa dose extra de dor será transformada em conselhos para os nossos colegas, atuais e futuros, que, seguindo a tradição, também farão ouvidos moucos e colecionarão os seus próprios deltas. Ainda assim, esse tipo de trabalho pede que você se desfaça de algumas de suas redomas de vidro, porque, independentemente da sua vontade, elas serão no mínimo trincadas. Mas não se preocupe muito com isso. No final você verá que algumas delas já eram desnecessárias, sendo mantidas apenas por comodismo e valor sentimental associado a um hábito. Talvez você venha a fazer nova coleção, mas isso é outra história...

Parto do pressuposto de que sempre se tem o que aprender com qualquer coisa e com qualquer experiência. Um livro policial, um romance água-com-açúcar, uma revista em quadrinhos, um desenho animado ou um programa humorístico podem ser de grande valia num dado momento. Durante as minhas teses, eu mesma fui salva muitas vezes por Agatha Christie, Maigret e Sabrinas. Quando estamos escrevendo uma tese ficamos ao mesmo tempo tão ligados em tudo e tão desligados de tudo que qualquer coisa pode provocar um *insight* associativo casual. Vemos a tese em todos os cantos, cremos que ela é onipresente e, pior, que ela sabe disso!

Se você juntar os dois parágrafos precedentes, verá que este ensaio pretende ser o seu cúmplice bem-humorado na arte de viver a sua tese. É isso! Você pode encontrar em muitos livros quase tudo sobre o conteúdo do seu objeto (eu respeito e endosso o bom gosto da escolha), mas o meu negócio aqui é falar brincando sobre a nossa séria relação com este objeto obscuro e claro, desejado e odiado, que vai colar na gente por longo tempo (considero um mínimo de dois anos como longo tempo, e você?). Ele vai grudar na nossa pele, e os infames, que todos nós conhecemos, podem até fazer uso desse nosso objeto para nos atribuir um apelido — nem sempre carinhoso, já que existe objeto pra tudo. Calma, quando descobrem que ficamos roxos de raiva, o apelido pega para sempre!

Para efeitos deste trabalho é absolutamente irrelevante se o seu objeto de estudo é um modelo matemático, um novo planeta, um processo de oxidação, uma âncora cambial, a ética nos negócios, mulheres em empresas familiares, doença nos testículos do boi, a fermentação de um vinho, uma viúva-negra ou uma aranha ordinária. Dá tudo no mesmo, variando apenas de grau: o que nos irmana a todos é o processo. Somos todos comadres ou compadres quando o assunto é tese, até o mais tímido dos orientandos põe as manguinhas de fora (e está no seu direito). Afinal, partilhamos o mesmo delírio!

Optei pela informalidade, pela irreverência e pelo humor como forma de expressar essas idéias porque sei que, em dado momento, ficamos de saco cheio de ler uma tonelada de coisas sérias, em linguagem pesada e com floreios cansativos. Por isso imaginei um guarda-roupa cheio de camisetas com mensagens próprias dos humores de quem faz tese. Fui desfilando as camisetas e criando os conteúdos dos capítulos que compõem este ensaio. Obviamente minhas escolhas foram arbitrárias, pinçadas entre as disponíveis na minha experiência de ex-fazedora de teses, de colega e amiga de fazedores de teses, de orientadora de fazedores de teses, de boa leitora e ouvinte de "causos" de teses. É sempre muito reconfortante a sensação de que não estamos sós, de que alguém mais pode entender o mesmo código, de que a nossa vulnerabilidade é partilhada pelos demais, de que ela não será explorada e, sobretudo, de que ela é normal. Esse trabalho pode lhe dar um pouco de colo, mas também algumas palmadas (o que veremos mais adiante).

Agora precisamos voltar à antiga discussão do "por que se faz uma tese". A resposta mais óbvia e suficiente é que você escolheu um curso que exige a feitura de uma tese, e ponto final. Por algum motivo (mesmo o mero e válido diletantismo), você quer ou precisa do título que este curso lhe dará; portanto, ou faz a tese ou não usufrui dos benefícios que imagina que ela lhe proporcionará.

Quanto ao tema, a tese é sua e qualquer objeto é passível de investigação. Assim sendo, desde que você encontre um orientador que endosse o seu interesse em trabalhar um dado objeto, pode escolher qualquer assunto, por mais irrelevante que pareça a outras pessoas. Quem vai conviver com o tema é você, por isso cabe a você tomar a decisão de suportá-lo no dia-a-dia ou no ano-a-ano. Um aviso: é muito importante manter uma relação "de paixão" pelo seu objeto. Só estando apaixonado é que você vai se sentir cada vez mais estimulado a descobrir coisas e nuances sobre ele, quem sabe até os seus "mais íntimos segredos". É bom também que fique claro que, se a tese é para você apenas um objetivo burocrático,

ainda que legítimo, o preço a pagar aumentará muitas vezes. Se você não tiver um genuíno interesse pelo tema que escolheu, vai acabar odiando algo ou alguém: você mesmo, o orientador, a carreira que decidiu seguir, a tese ou — pior ainda — tudo isso ao mesmo tempo. Resta saber se você tem bala na agulha para conviver com tantos ódios por tanto tempo.

Jamais esqueça que você é o sujeito da sua tese, a pessoa que conta e que vai assiná-la. A tese é o seu produto e um produto nunca é mais importante que seu produtor. Assim, por mais difícil ou complicado que seja, se você perceber que está muito infeliz com seu tema, não deixe que essa infelicidade se transforme em infelicidade crônica auto-sustentável, sendo suavemente sorvida de canudinho para prolongar sua duração; converse abertamente com o seu orientador e discuta com ele como mudar a tese ou como lidar melhor com o seu objeto. Eventualmente, você pode até mesmo ter que mudar de orientador; afinal, ainda que as relações no mundo do trabalho sejam mais disciplinadas pelos interesses que outras, é perfeitamente humano duas pessoas não se bicarem, independentemente de qualquer outra razão. Se este for o caso — uma relação sem maiores apoios —, não vacile, não adie a decisão e não fique se torturando inutilmente. Isso só vai fazer você perder mais tempo e mais energia. Mas abra o jogo com cuidado e respeito — a decência agradece! Alguns orientadores se sentem usados não porque o aluno decidiu mudar de orientador, mas pela maneira displicente com que lidou com a questão. É bom lembrar também que o orientador tem o mesmo direito que você, só que, para ele chegar a ponto de mandar você passear e ir procurar outra turma, já deve estar bem próximo do limite do seu "credikarma". Verdade seja dita: alguns orientandos dão direito à liberação automática no céu dos pecados de toda uma encarnação!

De qualquer forma, tenha em mente que não é você quem está sob julgamento e, sim, seu trabalho; portanto, se quiser terminá-lo (e o seu orientador agradece por várias razões legítimas), trate de ficar vivo até lá. Mas não se esqueça de que você tem o direito de descer do trem se perceber, no meio do caminho, que ele está indo na direção errada. Tudo o que precisa fazer é não descuidar do horário do seu compromisso quando optar pelo novo meio de transporte para continuar a viagem. Vale dizer, não conte com prorrogações impossíveis.

Reforço dois pontos: a) escolha um tema cuja atração não seja passageira, pois a moda passa enquanto você escreve, e você corre o risco de ficar saturado com um tema banalizado; b) seu orientador é seu principal interlocutor, seu elemento de confiança, aquele que vai lhe ensinar o caminho das pedras; ele não espera a sua subserviência, nem a sua concordância com tudo o que ele disser ou sugerir, mas o seu respeito, a sua dedicação e a sua seriedade.

Sinto, não sem razão, que a aprovação do orientador é fundamental em todos os sentidos: acadêmicos, burocráticos e afetivos. Acadêmicos por causa da afinidade com a pesquisa e a perspectiva de análise, pois raramente um pesquisador de orientação funcionalista, por exemplo, irá se dispor a uma visão mais crítica do objeto sem maiores resistências, sendo o inverso também verdadeiro, posto que ninguém está isento de preconceitos. Burocráticos porque toda a sua relação institucional, inclusive o acesso a bolsas, é mediada por ele, que também está com o nome atrelado ao seu, o que significa que controles fazem parte do *show*. Afetivos porque você disputa a atenção de seu orientador com outros objetos, o que, para seu desespero, mostra que ele não está centrado exclusivamente em você e no seu projeto. Essa constatação pode ressuscitar alguns fantasmas (que aumentam a insegurança e a dependência) e levá-lo a pelo menos duas posições diametralmente opostas: ou achar que precisa da autorização e da bênção dele para tudo, ou, ao contrário, que, como ele não liga para você, você pode descontar, usando-o apenas para resolver os aspectos da burocracia escolar e como uma mera assinatura. Asseguro-lhe, todavia, que, se nascer uma amizade dessa convivência, você ganhou um prêmio a mais. Depois de você, o seu orientador é seu principal torcedor, mesmo que não manifeste isso abertamente.

Tese dá dor de cabeça e dor nas costas

Todos nós somos talentosos, mas nem todos os talentos são distribuídos por igual. Felizmente o mundo precisa de tudo, e algumas pessoas fazem melhor certas coisas do que outras. Desenvolver uma tese é um ato criador que, além de conhecimentos gerais e específicos, exige uma paciência que nem todos têm ou estão dispostos a exercitar. Criar alguma coisa significa ter disponibilidade psicológica para tentar, expor-se, errar, recomeçar, modificar, experimentar, observar.

Trazemos em cada um de nós estranhos personagens de nós mesmos que estimulam, instigam, censuram, cerceiam, julgam, absolvem e condenam as nossas criações materiais ou intelectuais. Às vezes esses íntimos e estranhos personagens que fazem parte da nossa vida psíquica se alternam, e um ou alguns deles predominam sobre os demais. Por isso vivemos momentos de grande indulgência e outros de extrema severidade em relação a qualquer tarefa criativa e desafiadora. Uma tese tem a rara capacidade de suscitar nossos anjos e demônios, que são revelados a nós e aos que nos rodeiam.

Em boa medida todos queremos realizar algo importante, bonito, duradouro e capaz de atrair reconhecimento, aplausos, elogios. Faz parte do nosso desenho humano a necessidade não só da auto-aprovação como também da aprovação alheia, ter o nome associado a algo positivo, correto e belo. É perfeitamente saudável exibir certa dose de narcisismo, sentir orgulho e gratificação, quando um bom trabalho nosso é devidamente apreciado.

A produção intelectual é ardilosa, por ser flutuante e escorregadia. Ela oscila e tem caprichos. O que comumente chamamos de inspiração é a capacidade de reter e ampliar, com um toque próprio e único, um *flash* ou um *insight*, uma coisinha de nada que atravessa o nosso pensamento e que pode fugir. Porém, boa parte dessa inspiração é também fruto da nossa capacidade de concentração, de disciplina, de esforço mental e até de teimosia. Não precisamos esperar que o céu esteja maravilhosamente azul, ou que o dia seja particularmente agradável para produzirmos algo interessante; mas precisamos de boa dose de paciência para organizar raciocínios e transformar barro em tijolos e tijolos em casas. Nada nasce do nada, tampouco uma tese! Nossa capacidade de pensar ordenadamente exige um certo treino, precisa de um fio de Ariadne e, obviamente, de estímulos concretos, que provêm em grande parte da bibliografia que consultamos.

Reunir, ler, reler e analisar uma bibliografia decente sobre algum assunto consome tempo, energia e também dinheiro. Uma boa bibliografia não garante um bom trabalho final, mas decerto não existe um bom trabalho final sem uma boa bibliografia. A velha teoria dos sistemas continua valendo quando diz que, se os *inputs* são lixo, os *outputs* também o são. Por si só, o processamento nada é além de movimento. Mesmo considerando que estamos na era dos recicláveis, a ironia é apenas uma fuga fácil. Qualidade custa caro, sem dúvida, mas economizar esforço pode custar mais e de forma irreversível.

Outra armadilha comum quando estamos à espreita da inspiração é a preguiça. Às vezes um autor nos tira do sério por uma ou outra frase e logo incorremos no risco de optar pelo menor esforço: "o cara não presta!" Ora, até para dizer que o cara não presta é preciso entendê-lo bem... e isso exige por vezes reler o sujeito. Grande parte dos autores que relemos durante a tese não figura necessariamente entre aqueles com que concordamos ou que nos tocaram de imediato. Para criticar ou elogiar um autor importante no assunto que escolhemos para a tese não podemos nos ater à frase "não tenho saco para ler isto". Se conseguirmos nos abstrair da nossa vaidadezinha de críticos-de-orelhas-de-livro, teremos disciplina para fazer a leitura e tirar dela coisas substanciais para o nosso argumento. Não estou entrando no mérito do conteúdo da contribuição do autor, mas nas entranhas dos escapes que freqüentemente nos seduzem.

Uma tese é mais do que uma boa idéia, é em essência uma boa pergunta. E não existe tese na cabeça. "Eu já tenho tudo organizadinho aqui, só falta colocar no papel" significa que falta tudo, pois não é a idéia em si que será avaliada, mas nossa capacidade de explicitá-la, analisá-la, destruí-la, reconstruí-la. Não existe tese sem transpiração, sem rasgar folhas e folhas de papel, sem rabiscos, sem detonar arquivos (atenção: como sempre sobram alguns arrependimentos, guarde-os numa pasta de "pendências ou a rever"). Em certos dias nossas idéias parecem mais claras, mais organizadas, com amarrações mais sólidas. Em outros, são as ruminações que dominam o palco; tentamos mudar de assunto, trocar de canal, falamos sozinhos, xingamos, assaltamos a geladeira, tomamos banho, tentamos dormir e continuamos ligados num não-sei-o-quê. Cada um de nós descobre o seu próprio jeito de lidar com isso. Não existe fórmula feita e, sim, aquilo que funciona com você, por mais extravagante que seja. É a sua fórmula e pronto. Comigo funciona sempre largar tudo e ler um romance policial ou água-com-açúcar de final feliz; com um amigo funciona deixar o computador, a televisão e o aparelho de som ligados e sair para vadiar na rua. Uns vão ao cinema... Outros ainda vão para o boteco encher a cara e "conversar com Dioniso". Vale tudo, desde que seja o seu modo de ruminar, digerir ou processar o emaranhado que fica na cabeça e que não dá sossego. É normal que pareçamos um pouco com baratas dedetizadas...

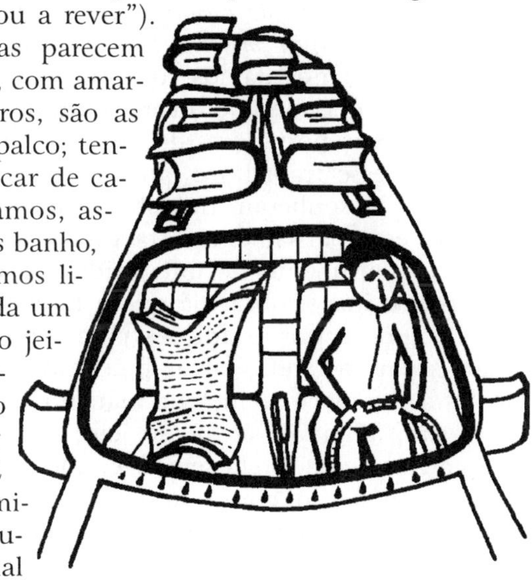

Uma tese parece ter vida própria e natureza expansionista. Uma das primeiras coisas que fazemos é antropomorfizá-la, tratá-la como pessoa, mas não uma pessoinha qualquer. Logo descobrimos que essa tal pessoa é caprichosa, cheia de vontades, uma bichinha dominadora e autoritária que quer nos sujeitar (o que na maioria das vezes consegue). Aprendemos a lidar com ela como se fosse uma intrusa que vem chegando devagarinho e ganhando espaço, inclusive territorial. No começo, humilde e tímida, ela fica circunscrita ao nosso "posto de trabalho", depois vai ganhando o sofá e quando nos damos conta já invadiu a cama. O perigo é quando nossa cama já tem outro sócio, que com justa razão não quer ver nem um livro, um caderno, uma folhinha de papel aparentemente inocente pousada na cabeceira. Nessa hora temos que ouvir nosso parceiro sem hesitar, pois ficamos tentados a taxá-lo de egoísta (sic!) e de incompreensivo quando o que está em jogo é algo maior do que um simples cantinho no quarto. Na medida do possível é de bom alvitre delimitar até onde os nossos livros podem zanzar pela casa, caso contrário haverá sempre um atrevido que nos acompanhará até a cozinha e ao banheiro e, pior, nos transformará em seu vigia: *"onde foi parar esse maldito livro? Ele estava aqui neste instante!", "ele está brincando de esconde-esconde comigo, é só o que faltava!" "ah, meu Deus, esse livro miserável quer acabar comigo: já sumiu de novo!".*

Quando nos damos conta de que a tese dá dor de cabeça, dor nas costas e que muda o formato dos nossos traseiros, tendemos a pensar que somos portadores de uma incompetência específica única para lidar com esse trabalho e que todos os nossos conhecidos que passaram por isso souberam trabalhar bem esta coisa que nos tira do sério. Quando esse pensamento atravessa nossa mente, experimentamos um estranho sentimento de inferioridade e impotência. É nessa hora que precisamos nos lembrar de que a tarefa em si determina alguns eventos e impõe certas condições para ser realizada, portanto não somos inaptos para a tarefa, talvez precisemos apenas entendê-la mais a fundo para descobrir a melhor maneira de realizá-la, porque nós podemos, sim, adaptá-la ao nosso jeito e ritmo. Mas convém não ter ilusões, achar que a tarefa será leve, que a coisa se resolverá por si só, que se a gente deixar correr frouxo uma solução qualquer vai aparecer... Pensar e agir assim é colocar mais pedras no caminho e correr o risco de não ter nem tempo nem pernas suficientes para transpô-las. Precisamos às vezes esclarecer uma confusão: é a tese que está sendo carrasca ou é você mesmo que não se dispõe a questionar seu próprio jeito de lidar com ela e a mudar algumas coisas? Não estranhe se perceber que você anda se autoboicotando, e decida se quer de fato continuar no jogo... Somos presas fáceis de nós mesmos e temos o péssimo hábito de tentar atribuir ao outro o que é de nossa inteira e exclusiva responsabilidade. Ok, isso é absolutamente mortal, mas a gente precisa se tocar se não anda exagerando na dose. Tese dói mais por esses confrontos internos do que pelos obstáculos e dificuldades do mundo exterior, ainda que estes nada tenham de desprezíveis. É aí que o bicho pega e não exatamente porque o bicho é nosso, mas porque nós somos o bicho.

Diagnóstico: TDT — Tensão Durante a Tese

A maior parte dos sobreviventes de tese costuma lembrar-se, com razoável clareza, de que teve vontade de dividir a sua vida em Antes e Depois da Tese. Em boa medida essa tentação se justifica, porque o Durante a Tese é um período de grandes e graves descobertas sobre nós mesmos, sendo que algumas delas bem poderiam ter continuado escondidas na caixa-preta para sempre...

Mesmo correndo o risco de ser tachada de impiedosa, creio que o Durante a Tese faz com que vivamos e descubramos (ou que os outros descubram) uma certa "anormalidade" não só comportamental ou emocional, mas verdadeiramente psíquica. Com isso quero dizer que não experimentamos apenas uma mudança nos nossos padrões de comportamento (por natureza ajustáveis e adaptados socialmente), ou na maior ou menor intensidade com que sentimos e exprimimos nossas emoções, mas sim, fundamentalmente, uma forte modificação no jogo de forças psíquicas protagonizado por nossos estranhos e íntimos personagens. Eles fazem parte de nós e assumem aspectos bem distintos. Por exemplo: o racional-analítico; o hedonista por excelência, que só se interessa pelo prazer; o cobrador das regras, e o ideal de perfeição tornado projeto. Você talvez me diga que está faltando o emocional, mas creio que ele está presente, em maior ou menor grau, em cada um daqueles que mencionei, dado que não existem conteúdos nossos desprovidos de afetos. Parece que durante esse período (ou outro qualquer em que estejamos envolvidos num projeto de natureza semelhante — longo, criativo, ambíguo e ambivalente) se instala uma briga permanente entre todos esses personagens, cada um tentando ganhar mais espaço e marcar mais presença que os demais.

Vejamos rapidamente como cada um deles se comporta.

O nosso lado racional e analítico quer correr atrás de todos os livros sobre o assunto, ler todas as referências e estruturar bem cada detalhe, mas tem que baixar a bola porque não fala todos os idiomas em que os livros estão escritos, não tem todo o tempo do mundo para correr atrás de tudo e sabe que um trabalho criativo não é de todo controlável, uma vez que ganha um pouco de vida própria enquanto está se fazendo. Ele sabe que deve ouvir o orientador, reduzir ou ampliar um tanto o âmbito da análise, concentrar-se em algumas âncoras como referências-chave e, sobretudo, que este trabalho pode gerar outras pesquisas no futuro... mas para isso precisa ser concluído. Não esquecer disso é fundamental, pois sua tese só terá futuro se os limites do presente forem respeitados. Este nosso personagem é o sujeito do razoável, do bom senso; o contador dos prós e contras; o senhor da análise das condições objetivas que importam para fazer o trabalho. Ele é também nosso negociador de encrencas internas e externas, nem sempre bem-sucedido, é certo, mas não se pode acusá-lo de não tentar construir as pontes.

O nosso censor vai nos incitar a cumprir com a palavra dada; a trabalhar o tema com responsabilidade; a não "furar" os prazos do cronograma, nem que se morra para fazer isso; a nos sentir culpados quando nos dedicamos a outra coisa que não à tese. Se ousarmos pensar em desistir, ele vai nos encher o saco a ponto de nos meter medo, e nos cobrar o dever sem dó nem piedade. Ele pode nos dizer coisas como: "*não quero nem saber se esse tema é importante ou não, você se comprometeu a fazer isso e agora vai ter que fazer*". Mas é ele também quem fica feliz quando fazemos o que deve ser feito e quem nos gratifica pelo dever cumprido. Há quem veja nele o chato, que nos cobra o tempo todo e não nos dá folga... mas já pensou se todos se considerassem o dono do mundo?

O nosso lado hedonista é, carinhosa e violentamente, o contrário do censor. Ele quer mais é que a tese fique bem longe, já que é uma coisa chata que o afasta da festa. Se dependesse dele, nenhuma tese seria escrita, pois não existe nada mais amordaçador para aquele que vive do prazer do que um trabalho dessa natureza, que exige muitas e muitas renúncias e adiamentos. Esse personagem é o senhor da satisfação imediata e não se dispõe a adiar absolutamente nada. Mas sejamos justos: ele é o nosso grande reservatório de energias. Quando fala sozinho, é o dono do excesso. Se temos algum vício, com certeza sempre vamos querer mais e mais. Quem é fumante aumenta enormemente o consumo de cigarros (o que vale para café, cerveja ou qualquer outra

bebida favorita) e tudo parece previamente justificado, afinal *"tô fazendo tese"*. Impossível nesta época deixar de fumar ou fazer dieta, isso seria o mesmo que decretar uma sentença de morte! Este personagem exige satisfação com juros depois de alguma abstinência; por isso não raro encontramos uma "desculpazinha" para alguma extravagância após um período de cara enfiada na tese. Contraímos um débito com nosso hedonismo por ele ter ficado quieto, na espreita — como atirador de tocaia —, ainda que apenas por uns tempos. Ele encarna todas as tentações. É claro que, se o paraíso é aquela visão imutável de anjos tocando harpas e cítaras num gramado absurdamente homogêneo, a gente tem sempre a desculpa de que nem Adão e Eva agüentaram tanta mesmice. E aí é que mora o perigo, exatamente nas frasezinhas que a nossa "criançona" vem cochichar no nosso ouvido: *"ah, qual é? Mais vale um gosto na vida que um caminhão de abóboras"*, *"não resista a uma tentação porque pode ser que ela não volte"*, *"juízo, pero no mucho"*, *"vamos lá, conjugue o verbo eu mereço!"*. Em dado momento podemos também experimentar uma vontade quase irresistível de chutar tudo, deletar os arquivos, jogar o computador pela janela ou nunca mais olhar para a tese, como se alguma coisa em nós precisasse de uma dose de violência explícita para compensar todos os sacrifícios feitos. Eu me senti perseguida pela minha impressora, que por alguma razão misteriosa decidiu imprimir uma página de cada vez da versão final de mais de 300 páginas. Eu tinha tanto medo de trocar de impressora nessa fase que me submeti ao desvario tecnológico, mas senti enorme prazer quando — depois de conferir 10 vezes a última página — levei-a para a área de serviço e quebrei-a até o último caquinho. Um delicioso gesto violento de vingança não dirigido apenas contra

uma máquina, mas contra todos os inimigos simbólicos e imaginários que ousaram cruzar meu caminho Durante a Tese. Confesso que fiquei assustada com o meu prazer sádico, porque eu tinha quase certeza de que ela podia sentir dor!!!

O nosso quarto personagem tem vocação para perseguir o ideal e a perfeição. Ele domina o palco desde o primeiro momento em que decidimos fazer um trabalho tão grandioso, que salvará o mundo, até a hora em que esperamos que mil editoras venham nos procurar com contratos maravilhosos, pois seremos um incontestável e genial *best-seller*. Ele antecipa uma série de gratificações imaginárias e nos assegura que o nosso trabalho é totalmente inédito, que somos aquele que mais entende do assunto, que nosso nome será glorificado, que nossa genialidade será, enfim, reconhecida e aplaudida. Ele ancora o nosso narcisismo e nos faz almejar ser uma referência naquilo que estamos estudando, ser convidados para mil eventos e citados em todos os demais trabalhos que no futuro vierem a tratar do assunto. É essa busca de um ideal perfeito que coloca lá em cima o nível de exigência de qualidade, recusando as saídas medíocres a que somos freqüentemente tentados, e que nos leva a sentir vergonha por não ter feito algo à altura da expectativa.

Enquanto o censor é o algoz do cumprimento do dever e o deflagrador do sentimento de culpa, o idealista é o algoz do querer ser simplesmente o máximo; afinal, ele sabe que existe diferença entre assinatura e autógrafo. Temos, pois, consciência de parte dessas exigências e costumamos atribuí-las a nossa mania de perfeição ou a nosso perfeccionismo, que conseguem fazer cobranças mais duras e cruéis, porém mais sutis, que qualquer examinador externo. Esse personagem é também responsável pela maravilhosa sensação de ter feito algo especial. No decorrer da tese muitas vezes nos deparamos com um estranho e delicioso sentimento de auto-admiração, que pode ser expresso assim: *"puxa, esse parágrafo está 10!", "meu Deus, fui eu quem escreveu essa coisa linda?", "modéstia à parte, isso está genial e ai de quem disser o contrário!"*. Se você ainda não conhece essa sensação, não se assuste, pois esse lado fará você lamber sua cria muitas vezes e lhe mostrará nessa hora o que é um orgasmo intelectual. Posso garantir: é muito, muito bom!

Falando um pouquinho do nosso emocional, que creio estar presente em todos os nossos personagens, ele pode variar em pressão e temperatura. Por exemplo: quando conversamos com nosso orientador (o que é necessário), podemos às vezes tremer nas bases, mesmo quando estamos fazendo bem o nosso dever de casa. Se não entendemos algo que ele nos diz, ficamos encabulados de lhe pedir maiores esclarecimentos, como se tivéssemos a obrigação de entender tudo o que é dito.

Depois ficamos com raiva de nós dois: do orientador, porque não nos entendeu, e de nós mesmos, por termos sido covardes e ficado calados. Quando o nosso cobrador está agitando as nossas entranhas, a gente foge do espelho e da paulada, seja porque achamos que ele tem razão em fazer isso, seja porque não temos coragem de tomar a decisão de mandá-lo ir passear noutras paragens, abrindo um precedente que talvez depois nos cobre um preço ainda mais alto. O nosso racional também não é incompatível com o nosso emocional, porque, ao contrário do que costumamos pensar, não é verdade que sejam opostos naturais. Podemos ter ataques de raiva e até mesmo ficar irados com o nosso orientador, com a burocracia e com os nossos entes queridos, mas logo nos damos conta de que é preciso esfriar a cabeça, contornar certas coisas até mesmo com desculpas esfarrapadas e engolir alguns sapos. As emoções são socialmente adaptáveis; afinal, a gente não ri em enterro nem de inimigos, se os temos. O silêncio que nos tranca a garganta em horas de quase ruptura é uma resposta perfeitamente aceitável, assim como o choro é perfeitamente legítimo e não raro bem-vindo e necessário, mesmo quando ele não espera a gente chegar ao banheiro! A mim parece que temos o controle das mãos e da boca, mas não do olhar, que expressa tudo o que pode estar ali: ódio, revolta, medo, desespero, desprezo, tristeza, alegria, euforia, teimosia, carinho, tudo, tudo! O olhar é, a meu ver, de todos os nossos sentidos o único que nem nos trai, nem aos demais!

Já o nosso hedonista é o reino por excelência das emoções e, por isso, aquele que geralmente paga a maior parte da conta, pois não gosta muito de ser temperado, nem tampouco de abrir mão das delícias para as quais existe ou acha que existe. Ele resiste e cobra o preço pelo seu bom comportamento. O nosso amigo ideal pode até delirar sem platéia e ficar elaborando as satisfações que terá em seus castelos futuros e no bem da humanidade. Um cientista, por exemplo, que está completamente absorvido em sua pesquisa, esquece de comer, de dormir e de outras coisinhas mortais como o próprio nome, o endereço ou se tem filhos. Ele pode ser um altruísta de corpo e alma, pensar pura e simplesmente na magnitude do trabalho que está realizando, que salvará vidas, que melhorará a qualidade de vida das próximas gerações etc., ou, eventualmente, pensar nos louros que a posteridade lhe reserva, independentemente de quantos dinheiros venha a obter se ganhar um prêmio Nobel! Como sonhar é algo bom e permitido (graças a Deus!), a gente pode ficar se autonamorando sem maiores pudores; afinal, Narciso não morreu por amar a si próprio e,

sim, por não ter conseguido distinguir o que era ele e o que era a sua imagem...

Tudo isso para dizer que não existe um ser humano recortado, sem emoções que irriguem as suas veias ou o ar que ele respira. Fiz a separação apenas para efeitos didáticos, pois no dia-a-dia somos tudo isso o tempo todo, gerindo confusões e silêncios. Temos o belo defeito de fabricação de sermos capazes de chorar as nossas mazelas e as nossas felicidades, de curtir as nossas singularidades e semelhanças com os outros, de adiar o gozo do prazer para algo localizado num futuro talvez até improvável, de nos reconhecer numa frase de alguma leitura, de ficar embevecidos com uma pintura... Não temos um arquivo só de emoções! As emoções estão sempre ligadas a algo ou a alguém. Há muito tempo li uma frase do Hesse, em *O lobo da estepe*, e ela me vem à cabeça (sabe Deus por quê) sempre que estou perdida nessas divagações sobre os deuses e os demônios que habitam cada um de nós: *"só para os loucos ou só para os raros"*, dizia um letreiro no alto da sala dos espelhos.

Ora, quando examinamos mais de perto cada um desses personagens, percebemos que eles têm exigências incompatíveis entre si e diferentes níveis de poder de fogo. Em nenhum momento de nossas vidas estamos imunes a brigas de nossas instâncias psíquicas. A tese em si não acrescenta especificamente nada de novo na maneira habitual de resolvermos nossas "encrencas" interiores, o que já está há muito tempo definido e mais ou menos se reproduz durante toda a nossa história. O que a tese provoca é uma longa convivência com esse embate, potencializando-o em função das exigências externas, e isso pressupõe uma "dura negociação" interna e extraordinária disciplina. Se formos um pouquinho imaginativos e conseguirmos captar as vozes dos nossos personagens em combate, decerto ouviremos alguns palavrões do hedonista para o censor, muita censura deste para o racional, que por sua vez tentará mostrar ao idealista que ele está fora da realidade e precisa baixar a bola.

Creio que a TDT é fruto da conjugação conflitante de várias forças psíquicas e geradora de uma grande e constante hipersensibilidade, que pode se dever:

a) às altas expectativas que nos impomos ou acreditamos que o nosso orientador — com o qual nos identificamos, que admiramos e não queremos decepcionar — está esperando. Podemos vê-lo às vezes como o pai, o grande mestre ou o arquétipo do velho sábio, digno de reverência. Veja: isso é produto da sua cabeça e nada tem a ver com o seu orientador real, de carne e osso, por mais célebre que ele seja;

b) ao tempo cada vez mais escasso, pois estamos sempre subestimando o que ainda resta a fazer, negligenciando possíveis dificuldades (algumas absolutamente previsíveis, mas encaradas como "terrorismo" quando explicitadas) e superestimando a nossa capacidade de trabalhar sob pressão. Esquecemos que, embora trabalhar sob pressão ou deixar as coisas para o último minuto seja o nosso estilo habitual, sempre há a possibilidade de sermos vítimas de bloqueio psíquico — uma ocorrência paralisante relativamente comum nesse tipo de trabalho. Quanto mais a pessoa se desespera para sair dele, mas impotente se sente. É o que chamo de areia movediça mental. Esse tipo de "imprevisto previsível" pode ser chamado também de *tilt,* crise de inspiração ou branco. Nunca temos a prudência de considerá-lo; aliás, achamos que ele só acontece com os outros;

c) ao alto e diversificado preço do processo de sublimação (aqui representado pela canalização das nossas energias para o trabalho) que precisamos pagar durante tão longo período. Adiamos uma série de gratificações; convivemos com a ausência de aplausos cotidianos (éramos estrelas e agora apenas reles anônimos); abrimos mão de várias vantagens financeiras (não faltarão hereges para achar que somos trouxas e nos dizer isso de cara limpa); renunciamos ao prazer nas suas várias versões, especialmente o lazer; sacrificamos até nossos entes queridos, como veremos mais adiante;

d) à insegurança que nos assalta ante a realidade de nossos parcos conhecimentos sobre o assunto. À medida que vamos nos aprofundando, descobrimos que é possível ir mais além, mas o tempo urge e temos que parar. Esse conhecimento produz grande angústia e ansiedade, pois nos põe em contato com uma voz interior que nos diz: *"agora que eu sei, não posso ignorar", "como é que vou fazer de conta que não estou a par disso?", "e se alguém da banca me perguntar só sobre isso?", "ah, meu Deus, fiquei perdendo tempo com aqueles autores quando tinha esse...", "se eu tivesse mais um mês, um ano..."* Não são raras as histórias sobre um trabalho, um livro, uma pesquisa, com um enfoque semelhante ao seu, a respeito do qual você só fica sabendo na última hora — e sobrevém o susto da possibilidade de outras pessoas virem a imaginar que você cometeu um plágio... O oposto disso é descobrir que existem poucas pesquisas sobre o assunto específico e que cabe a você começar a construir algo sem poder se amparar em quase nada — você deve ousar, arriscar-se e será louvado ou reprovado por sua originalidade —; é claro que isso mete medo!

Todo esse processo psíquico drena nossas energias, nos esgota, desespera e irrita, mas também nos obriga a descobrir outras formas de lidar com nossos limites e nos faz conhecer reações completamente novas e ricas, de que jamais imaginávamos ser capazes. Penso que nenhum fazedor de tese deixou de descobrir algo de bom e de ruim sobre si mesmo. Ouvimos frases assim: *"eu não sabia que era tão medroso e nem que podia assumir isso", "eu sempre pensei que pudesse fazer qualquer coisa que eu quisesse", "às vezes eu me sinto como se olhasse para mim pela primeira vez", "fiquei mentindo pra mim um monte de tempo e depois fiquei com vergonha", "eu não sabia que a opinião dos outros contava tanto pra mim, morri de medo que o meu orientador dissesse que o que escrevi não prestava", "fico sonhando (ou pesadelando) com a tese"...*

Disse antes que algumas pessoas são mais talentosas que outras para realizar certas tarefas. Também acredito que algumas pessoas conseguem lidar melhor com esses estados de espírito que outras; suportam mais facilmente o não-reconhecimento, agüentam com mais perseverança a frustração, reciclam um erro mais rapidamente, toleram uma crítica com maior esportividade, aceitam o desafio de refazer algo com menos desespero e conseguem suportar a própria chatice com mais paciência.

Num esforço enorme de auto-superação, há pessoas que conseguem inclusive fazer piadas, rir decentemente de suas próprias "paranóias" e encarar com bom humor os próprios ataques. Não é à toa que se estabelece uma grande cumplicidade entre os fazedores de tese. Eles se entendem e dificilmente um dirá para o outro que "está passando das medidas". Aliás, esse passar-das-medidas é visto e vivido como "normal".

Entre colegas, irmanados pelo processo, existe uma enorme e íntima compreensão expressa na frase: "ele está fazendo tese". Essa frase justifica uma série de esquisitices e estranhezas, e também legitima uma certa "anormalidade normal". Todavia, há aqueles que ultrapassam essa fronteira e são casos tristes, que necessitam de ajuda psicológica especializada; pois, como disse o Mário Prata, *"tem gente que nunca mais volta"*.

Alunos que vão estudar no exterior passam com freqüência por situações dramáticas e alguns, não suportando o peso das exigências psíquicas agravadas por choques culturais, surtam literalmente, sendo resgatados pela família. Mas não se comenta esse tipo de situação, que é tabu no meio acadêmico e nos órgãos que financiam esses alunos. Tudo isso contribui para a criação de um véu de silêncio, ditado pela vergonha, como se não fosse humano alguém não suportar um peso maior que suas forças. Todos compreendem fraquezas físicas, como uma perna quebrada, mas poucos se dispõem a reconhecer e a compreender que fragilidades psíquicas temporárias também fazem parte da nossa humanidade. O próprio Freud se dizia surpreso não porque existissem pessoas loucas, mas porque a maioria não era. Somos carrascos nos nossos julgamentos e esquecemos que uma partida de xadrez pode ser mais violenta do que uma de futebol comandada por *holigans*. Sentimos compaixão pelo joelho do nosso Ronaldinho e absoluta indiferença pelo "sujeito que perdeu para o Deep Blue", sujeito, aliás, que nem nome tem.

Lançamos um olhar de profunda reprovação e invalidamos a vida de alguém tachando-o de incompetente incorrigível pelo simples fato de que "ele não terminou a tese". O próprio sujeito computa esse fracasso em sua conta e paga pesados juros ao censor e ao idealista — e nesse caso nem o racional nem o hedonista são de muita serventia. Quando muito, o racional faz alguns cálculos e lhe diz: *"Ok, não dá pra ficar o resto da vida chorando por isso, levante e vá cuidar da vida; mais adiante, quem sabe, você volta e tenta outra vez, a vida não acabou aqui"*, enquanto o hedonista talvez diga: *"ah, qual é a tua? Agora você pode ter vida boa, fazer o que quiser sem aquela chatice com cheiro de mofo; você tem mais é que curtir ter pulado fora daquele mausoléu, que afinal é lugar de vivo-morto"*.

Isso tudo significa que todos precisamos de um psicanalista quando decidimos fazer uma tese? Sinceramente, creio que quem já tem o seu, melhor faz em não "dispensá-lo"; quem não tem, deve considerar que o processo analítico pode trazer à tona vários fantasmas que estavam quietos ou, pelo menos, se fingindo de mortos. Há, sem dúvida, um risco a ser assumido e, na dúvida, o mais adequado talvez seja consultar um profissional da área para saber quais as alternativas mais recomendáveis para cada caso. Obviamente, alguns distúrbios psíquicos identificáveis como graves devem ser tratados por médicos e nenhum colega ou orientador pode substituir esse profissional. Podem apenas ajudar a reduzir a resistência decorrente do preconceito e da ignorância.

Dentro do estado de "anormalidade normal" a que nos referimos, sempre se pode adotar algumas estratégias de sobrevivência, que nos ajudarão a relaxar sem comprometer o trabalho. Aqui também cada um acaba descobrindo qual é a sua. Eu, sempre que podia, fugia para a praia e lá montava um esquema que me permitia curtir o mar, andar descalça e conversar "bobagens" com os habitantes locais; nada como uma mala que, além de livros, só tenha shorts e camisetas velhas. Depois dos encontros com o mar, sempre retomava o trabalho com energia renovada. Também me dava presentes e, quando terminava um capítulo, comemorava hedonisticamente, mesmo sozinha. Aliás, com tal nível de renúncia, creio que é fundamental uns *self-gifts*. Mesmo que exista nisso uma relação um tanto mercenária, a recompensa na maioria das vezes é perfeitamente inocente: um cinema, uma cerveja sem culpa, uma linda roupa que você não vai usar mesmo, um fim de semana com o seu amor, se ele ainda estiver por perto...

Não se surpreenda muito se, além de aprender a falar sozinho, você se pegar falando com um "amigo imaginário", que pode ser o seu autor básico, o próprio computador ou qualquer outra coisa. O meu amigo foi um ursinho que ganhei de uma loja e, como nessa fase estava mergulhada em Max Weber, o bichinho não escapou do batismo. Quem sabe alguma coisa sobre a história da minha tese, conhece o meu max weber! Ele ouviu com paciência muitos dos meus arrazoados e, em alguns momentos, tive a nítida impressão de que, mesmo estando eu insuportável, podia "contar" com ele. Confesso que nunca me preocupei em esconder o meu max e sempre me senti muito à vontade para falar dele. Ele foi apresentado a todos os meus amigos da mais alta sociedade acadêmica que me visitaram na época. Um desses amigos, holandês, fez um bocado de festa para o max e chegou a dizer que iria realizar um velho sonho: "*enfim vou dormir com um filósofo alemão*". Acho tudo isso normal!!! Só não o incluí nos meus agradecimentos porque corria o sério risco de ganhar um atestado de debilidade... Mas, numa época em que vivemos numa aridez desértica, se perdermos as poucas chances que temos de fazer graça e dar umas boas risadas, a vida fica muito sombria e asséptica... Creio que esse aprendizado é um subproduto não só da tese, mas de qualquer situação difícil em que estejamos mergulhados. Todos nós temos internamente o potencial de curar e/ou de aceitar melhor as nossas mazelas, rabugices e o mau humor crônico, além de outras coisas mais graves, mas é preciso coragem para se encarar e, no mínimo, vontade de sobreviver. O bicho humano tem uma extraordinária capacidade de se renovar, de se recriar, de descobrir coisas novas e de aprender, inclusive a ser mais leve consigo mesmo, sem descambar necessariamente para a complacência. Uma boa gargalhada é sempre uma garantia de que de tédio não morreremos... Fazemos economias muito bestas de humor e de carinho, até quando dirigidos a nós mesmos.

Eu e as perguntas sobre a tese

Durante o período em que estava escrevendo a minha tese, fui visitar um amigo que estudava em Oxford e vi, numa dessas lojinhas de coisas universitárias, uma camiseta que "tinha a minha cara". Ela trazia a caricatura de um sujeito enlouquecido, esparramando papéis para todos os lados e, em cima, os dizeres: *"Don't ask me about my thesis"*. Senti-me absurdamente compreendida pelo cosmo e tomada de um violento desejo de possuir a dita-cuja, mas tive que amargar uma enorme frustração, porque a loja estava fechada e eu já estava de partida. Verdade que não dei descanso ao meu amigo enquanto ele não despachou uma para mim. Passados já quase seis anos, eu ainda a tenho e evito usá-la para não gastá-la, pois ela se tornou um símbolo de um momento muito especial.

Com o passar do tempo pude perceber que essa é uma fase corriqueira na vida de um fazedor de tese. A bem da verdade, creio que duas situações se alternam: a de não querer ser importunado com perguntas e aquela em que ficamos loucos de vontade que alguém nos ouça e pedimos aos céus que uma santa alma desavisada indague sobre a tese. Por que isso acontece? Ousarei aventar algumas hipóteses baseadas em minhas observações pessoais.

A maioria de nós, quando opta por fazer um mestrado ou um doutorado, não tem ainda muita idéia do tipo de pesquisa que vai fazer e do que vai investigar. Alguns de nós não sabem sequer o que é pesquisa. Em geral temos uma área com a qual simpatizamos mais, algum tema que nos desperta maior interesse e muitas curiosidades dispersas. Não raro somos surpreendidos pelos prazos para definir o projeto e o orientador — decisões que nem sempre tomamos da maneira mais adequada.

Especialmente durante o mestrado — o momento fundador na vida de um pesquisador —, nosso interesse vai se fortalecendo enquanto cursamos as disciplinas, e somos muito influenciados pelos professores que nos acompanham nessa fase. Alguns alunos conseguem fazer uma enorme lista de possíveis objetos de estudo para desenvolver a sua dissertação, o que pode representar uma dificuldade igualmente enorme na hora da escolha. Tive um colega na época do mestrado que estava interessado em nada menos que 19 temas. Ele ficou tão enredado nessa teia que não conseguiu se decidir por nenhum deles. A angústia da escolha do tema e do enfoque talvez diminua se a temperarmos com o argumento lógico de que é preciso escolher, de que esta é apenas a sua primeira escolha, de que no futuro outras condições podem favorecer um trabalho mais aprofundado em outras direções. Se por alguma razão você se vir nesse dilema, não se esconda, procure algum professor no qual você confie e se aconselhe com ele. Esse professor não precisa ser o seu futuro orientador, nem você precisa se sentir na obrigação de convidá-lo apenas pelo fato de ele tê-lo ajudado a quebrar esse círculo vicioso.

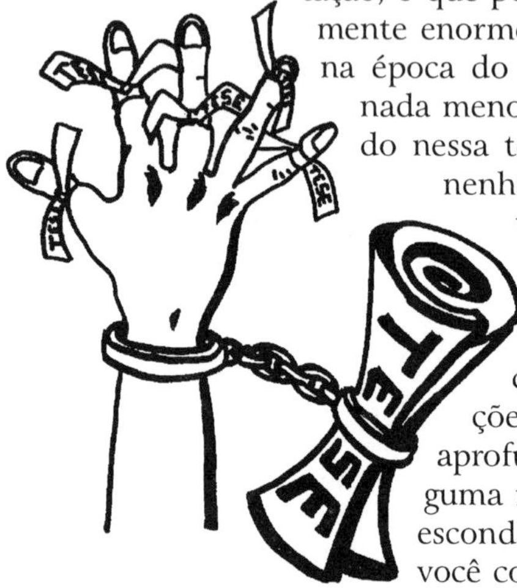

O doutorado já requer uma definição mais precisa do projeto de pesquisa. A experiência acumulada é de grande valia, mas ainda assim a definição do projeto de tese nem sempre é tranqüila. Às vezes temos tantos interesses que nem sempre chegamos à decisão sobre qual será o objeto de nossa tese sem deixar um rastro de profunda insegurança, pois é preciso renunciar aos outros interesses. Que fique bem claro: esta é apenas uma etapa, depois teremos todo o tempo do mundo para nos dedicar a outros projetos tão ou mais prazerosos que o desenvolvido na tese. O título de doutor dará a você mais autonomia para escolher a sua linha de pesquisa futura, porque ele funciona como um salvo-conduto para você transitar num clube de gente grande. Esse clube, do qual fazem parte os órgãos que financiam pesquisas, considera que você só está apto a ousar depois de ter passado pelo ritual, não importando quão genial você seja. Uma vez cumpridas todas as etapas, você pode inclusive falar muitas bobagens (porém autorizadas) e terá que, eventualmente, se defender nas réplicas e tréplicas a seus pares se quiser um *pedigree* de pesquisador sério na área.

Voltando ao projeto, somos pressionados a encaminhá-lo e, tão logo ele é protocolado, já começam a nos assaltar as dúvidas quanto à direção correta a seguir: *"não é bem isso, talvez eu precise ler mais coisas para ter certeza"*. Não é incomum uma mudança significativa de rumo e uma grande dissociação entre o projeto entregue ou já defendido e o trabalho que será realizado. Essa situação acaba gerando nova fonte de insegurança e, para sentir um pouco mais de chão sob os pés, o aluno faz oficiosamente outro projeto para guiá-lo. Mudanças de tema, de enfoque, de perspectiva, de orientador são elementos que provocam desconforto e intensificam a pressão, por isso tente não carregar consigo ranços por não ter acertado na primeira vez. Tudo isso toma tempo, que decerto será descontado daquele que deveria estar sendo efetivamente dedicado ao trabalho final.

Nesse meio tempo pode surgir outro fator desestabilizador. O orientador, escolhido mais pelo nome, pela simpatia ou pela disponibilidade de tempo do que por uma real afinidade com a pesquisa, cai do pedestal em que foi indevidamente colocado, pois não cabe a ele determinar o que o aluno tem a fazer. Quando a escolha é pautada apenas pelo critério da fama, é preciso considerar que a fama é do orientador, que ela por si só não garante o seu brilho e que seu prestígio não virá de carona. O orientador pode ser um sujeito generoso, humano, dedicado e paciente, mas também pode ser uma prima-dona, uma estrela exibida, a cuja tirania (seja lá de que tipo for) você se sente compelido a se submeter. A rigor, o trabalho do orientador é ajudar o aluno a ter elementos para tomar a sua decisão e, uma vez tomada, ajudá-lo a direcionar seus esforços para a realização do trabalho. Evidentemente não se trata de uma relação fácil, visto que não se limita apenas aos aspectos objetivos da tarefa. Alguns orientandos esperam ou um acompanhamento do tipo 24 horas ou, pior, que o orientador os deixe completamente à vontade para trabalhar quando lhes der na telha, sem nenhum tipo de cobrança. Felizmente, a grande maioria percebe que nem tanto ao mar nem tanto à terra...

No meio dessa confusão e sem a possibilidade de parar o relógio que vai se convertendo em cronômetro, topamos com amigos que se transformam facilmente em "inimigos" se fazem a maldita pergunta: "E a tese?" Nesse ponto parece que o nosso lado racional-analítico bate em retirada estratégica para ter tempo de digerir tudo o que armazenou e recobrar as forças para enfrentar a "encrenca", que pode assumir algumas das seguintes facetas:

a) culpa por ter "perdido tanto tempo e não ter feito nada ainda";

b) medo de dar o primeiro passo e ter que enfrentar "o resto";

c) insegurança quanto à direção a seguir (o primeiro "toque de bola" costuma ser muito difícil, especialmente se não estamos ainda interiormente convencidos do que vamos fazer e se o nosso projeto não serve mesmo como mapa ou *script)*;

d) paralisia diante do assunto, ou pela profundidade percebida a partir da extensão da bibliografia, ou pela falta de bibliografia específica. Esse impasse pode levar a pensamentos como *"nada vem a minha cabeça que seja realmente meu"*, ou *"nunca vou conseguir dizer nada de interessante"*. Pode ocorrer também a forte tentação de ir procurar em algum lugar misterioso "alguma coisa mais simples";

e) fuga: se falarmos em voz alta, e com testemunhas, estaremos assumindo e formalizando o nosso medo, do qual não podemos escapar. Evitamos expor a "ferida" nos recusando a falar sobre ela. É como se: *"não a vejo, portanto ela não existe"*;

f) racionalização: *"eu trabalho bem sob pressão e sempre me saio melhor no último minuto do que quando fico me desgastando o tempo todo"*.

O quadro se complica um pouco mais quando o trabalho já iniciado é interrompido no meio por alguma razão. Vamos fazer outras coisas, na maioria das vezes muito mais prazerosas, e quando voltamos ao trabalho não achamos mais o fio da meada; tudo o que foi feito parece superficial e bobo. Como estamos "frios" (esquecemos que a tarefa intelectual se assemelha um pouco à ginástica), tudo é "desculpa" para adiar o recomeço. Lembro-me do caso de um amigo querido, lá pelos idos dos anos 1980, que ficou estacionado nesse estágio e infelizmente não concluiu a sua dissertação. A dor de recomeçar era tão grande que ele um dia dizia: *"ah, meu Deus, se essa radiação de Chernobil chegasse aqui, eu não precisaria mais pensar nisso"*, e no outro vinha com nova história: *"como é que eu posso ter paz pra fazer isso, se esses caras da África do Sul não resolvem essa briga do* apartheid*?"*

Quando basta só mais um empurrãozinho, o nosso lado essencialmente hedonista pode entrar em ação e nos acusar de masoquistas. Seus argumentos: nos metemos nessa confusão por livre e espontânea vontade; ninguém valoriza esse "fardo" e nada garante que o benefício "valha a pena"; o tempo passa e só estamos ficando mais velhos, mais chatos e sozinhos, em vez de aproveitar a vida...

Mas, felizmente, para a maioria das pessoas, há o outro lado da moeda. Assim como uma criança pode passar rapidamente do ato de engatinhar para o de correr, antes mesmo de andar direito; ou começar a balbuciar as primeiras palavras e depois desatar a falar sem descanso, quando ultrapassamos a fase do mutismo, queremos falar o tempo inteiro, com qualquer pessoa, em qualquer lugar. "Vemos" conexões e ganchos com todos os assuntos que qualquer outro mortal possa mencionar. Esse momento é muito profícuo para a nossa coleção de pedacinhos de papel...

Do mesmo modo que uma pessoa perdidamente apaixonada só pensa no ser amado e precisa verbalizar isso até para paredes e postes, queremos porque queremos "completar" a conversa dos outros com o nosso tema. Não ouvimos nada do que os outros nos dizem sem tentar enfiar a nossa preocupação pela goela deles abaixo (nosso tema sempre tem tudo a ver). Como já aprendemos mesmo a falar sozinhos, não importa se o outro nos escuta ou não, somos apenas boca. Tal como no amor idealizado, o nosso personagem idealista reassume a batuta. Com isso, nosso objeto de estudo retoma seu posto de coisa mais importante do mundo e parece passar para nós um pouco do seu brilho. Nessa hora, estamos a um passo de nos tornar insuportáveis para qualquer um que cruze nosso caminho. Sabe quando uma criança desata a perguntar o porquê de tudo e você quer desaparecer? No nosso caso a diferença é que não se trata de fazer perguntas, mas de dar respostas, e haja conversa surda. Não chega a ser nem um monólogo! A outra pessoa está lá, na sua frente, pode ser tocada, você está olhando para ela e, no entanto, ela só existe como um par de ouvidos. Não estranhe se ela se intoxicar de você e não quiser vê-lo por bom tempo: você exagerou na dose! As pessoas desenvolvem alergias à nossa tese! Vá devagar! A grande maioria das pessoas percebe quando está sendo tratada apenas como platéia. Isso cansa e acaba com amizades. Felizmente os fazedores de tese costumam voltar ao normal depois desses "surtos autistas" (figurados). É verdade também que, nessa vida arriscada de pesquisador, um dia chegará a sua vez de ser apenas um par de ouvidos, e será uma lástima se você escolher exatamente essa hora para se tornar egoísta. O mais comum é exibirmos uma súbita generosidade, talvez como um ressarcimento pela exploração que impusemos a outros.

Paradoxalmente, nesta fase, a maioria dos alunos não procura o orientador para discutir suas preciosidades. Por que será? Talvez por ele não ser um ouvinte tão bom quanto o resto do mundo, talvez por ele esfriar um pouco o nosso entusiasmo nos fazendo enxergar o que ainda não estamos prontos para ver, talvez por esta fase de verborréia ser necessária para que a gente comece a clarear as idéias, talvez por precisarmos ouvir nossos pensamentos em voz alta para nos dar conta de absurdos e estruturar melhor os argumentos e seu fio condutor... talvez ainda por esse exercício de linguagem atender a outras necessidades das quais não temos sequer a mais leve suspeita. Nada é irrelevante, mas nem tudo precisa ser decifrado, não é?

Eu e as contas conjuntas

Salvo algumas menções ocasionais, tenho tratado deste período como se a vida fosse um intervalo e como se, excetuando a convivência com colegas e orientador, as demais pessoas não fizessem parte do nosso mundo ou desempenhassem o papel de meros coadjuvantes. É claro que isso não é verdade! Elas estão lá todo o tempo, também tocando as suas vidas, sendo influenciadas pela nossa escolha e por tudo que dela deriva. É desse outro lado que quero falar agora.

Num dos primeiros esboços que fiz deste ensaio coloquei o título de "os custos invisíveis da produção acadêmica — o caso da tese". Achei-o ao mesmo tempo árido e pomposo. No entanto, vou preservar o pensamento original em relação ao seu conteúdo porque creio que ele toca na essência das renúncias que impomos aos nossos entes queridos e a nós mesmos. Essas renúncias significam perdas em vários níveis, perdas que se influenciam mutuamente e que são contabilizadas coletivamente.

Nossa família (representada por pais, maridos ou esposas e filhos) torceu por nós e festejou o nosso sucesso quando fomos aceitos no curso de pós-graduação. Depois acompanhou, um pouco de camarote, o nosso percurso, enquanto fazíamos os créditos e eventualmente nos desesperávamos com uma prova ou um trabalho final mais complicado. Até aí, nada demais na vida de um estudante. Sempre foi assim... Então chega a hora de fazer o projeto de tese e... para ontem!

Como já somos crescidinhos, nossos pais já se acostumaram mais ou menos com a idéia de que "estamos cuidando da nossa própria vida". Eles se ressentem da nossa ausência, mas têm em relação a ela um comportamento relativamente tolerante. Nada impede, porém, que de vez em quando sucumbam a ataques de ciúme dos nossos livros, principalmente se não entendem lá muito bem o que estamos fazendo (e alguém entende?). As mães freqüentemente se preocupam com a nossa saúde, em particular com a nossa visão, e dizem coisas como: *"de tanto ler você vai acabar precisando de óculos, vai ficar com a vista cansada"*, *"não sei como você consegue ler essas letrinhas miúdas com essa luz tão fraca"*. Muitas vezes já usamos óculos há uma encarnação, mas isso não faz a menor diferença! Eles também podem ficar preocupados porque não mais saímos de casa e disparar coisas do tipo: *"ficar com a cara enfiada nos livros o tempo todo faz mal pra cabeça"*. Em geral, manifestações de carinho e zelo como estas nos deixam irritados. Nós resmungamos qualquer coisa e, tal como os gatos, fazemos exatamente o que nos dá na telha.

Com os nossos maridos ou esposas, a situação pode se tornar um tanto mais delicada. É claro que contamos com a aprovação deles quando decidimos enveredar por esse caminho, mas, se nem nós mesmos sabíamos exatamente o nível de exigências com que íamos nos defrontar, o que dizer de nossos parceiros? É até possível que tenhamos feito uma negociação preliminar a respeito do uso do nosso tempo e que eles tenham concordado em fazer certos sacrifícios; a questão é que a partir de determinado momento a quota de sacrifícios negociada vai pouco a pouco aumentando unilateralmente. Esperamos contar com sua compreensão incondicional, mesmo se não temos mais fins de semana, se trabalhamos até altas horas da noite, se não podemos tirar férias juntos, se esquecemos datas importantes que normalmente comemorávamos. Temos inclusive a audácia de considerar uma "concessão especial" deixar um pouco de lado o trabalho para festejar o nosso próprio aniversário de casamento. Damos o "maior apoio" ao parceiro quando ele resolve viajar, só para poder ficar sozinhos, e ainda temos a cara-de-pau de fazer de conta que estamos sendo altruístas! Há quem chegue a ponto de dizer *"é isso mesmo, vá se divertir um pouco enquanto eu fico aqui trabalhando feito um doido"* para provocar uma piedadezinha chantagista ou um sentimento de culpa no outro.

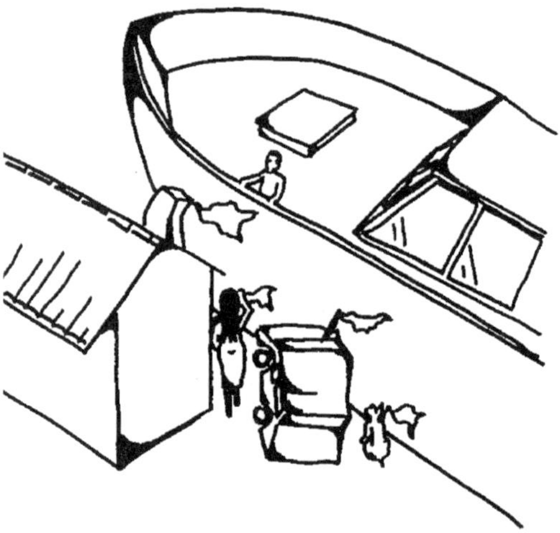

Quando o casal tem filhos, a novela ganha capítulos ainda mais densos, já que as crianças não estão nem aí para o fato de a mãe ou o

pai ter dever de casa para fazer. Elas cobram sem disfarces qualquer negligência ou omissão, jogam na cara o abandono e acusam esse "ente misterioso" de ter abocanhado a sua dose diária de carinho e atenção. Não há complexo de Édipo ou de Electra que resista a tal intrusão! Do parceiro, esperamos que tome conta de tudo, que se ocupe da casa, das crianças, das coisas chatas da vida doméstica e familiar. É claro que também não sobra muito tempo para compartilhar os problemas dele, quer profissionais ou pessoais. Ele que ouse nos desgastar ainda mais com coisinhas!!! A conta familiar costuma ser alta e nem sempre bem resolvida. É óbvio que se o casal já tem um relacionamento tempestuoso, a tendência é que todos os problemas se agravem, não sendo incomum alguns casamentos desfeitos.

Uma situação relativamente corriqueira entre os alunos de doutorado é passar algum tempo no exterior, o que implica a mudança da família e agrava as dificuldades. É ótimo viajar para aproveitar as coisas boas que o outro lugar tem a nos oferecer, mas uma viagem de estudos é bem diferente de uma viagem turística. Somos hóspedes no outro país, mas temos uma rotina semelhante à que teríamos se estivéssemos no nosso. Precisamos decifrar a nova burocracia (incluindo a acadêmica) e conviver com ela e com as agendas de outras pessoas, além de cuidar da infra-estrutura doméstica e da família que nos acompanha e que não tem o mesmo tipo de envolvimento com a experiência. Nessas circunstâncias, o abandono é mais duramente sentido, pois a nossa família está privada dos relacionamentos e da autonomia que tinham em casa. Nosso parceiro pode até aproveitar para fazer um curso, aprender o idioma, conhecer as redondezas, mas se não tiver sua própria atividade profissional isso ficará marcado. Enquanto passamos o dia trancados na biblioteca da universidade, esperamos que o outro (com as crianças, é claro!) descubra sozinho "coisas interessantes para fazer". Isso às vezes funciona, às vezes não!

Tive a oportunidade de conhecer um casal que morava no *campus* de uma escola francesa, onde a esposa fazia o doutorado. O marido, sócio de uma empresa em seu país, havia vendido sua parte para acompanhar a esposa por um período de quatro anos. Segundo ele, nos primeiros seis meses de convivência com os colegas dela, era tratado quase como um herói por ter sido tão desprendido e ter abdicado de "sua própria vida", como diziam. À medida que o tempo foi passando, os sinais de admiração se tornaram cada vez mais escassos e de herói ele foi se transformando progressivamente em parasita. Tudo embalado em comentários pretensamente positivos: *"fico impressionado com a sua coragem", "por mais que eu ame a minha mulher, jamais suportaria viver assim desocupado", "olha, é preciso ser muito seguro de si mesmo para pensar que quando você voltar para o México vai conseguir refazer sua carreira", "sinceramente acho admirável o que você está fazendo, mas será que a sua mulher não se incomoda por você viver assim tão sem objetivo?"*. Felizmente eles sobreviveram às sucessivas ondas de perversidade e saíram mais unidos dessa grande prova.

Ainda no universo familiar pode acontecer uma gravidez e o novo bebê terá que disputar as atenções com o "bebê de papel". Fico maravilhada com quem consegue dar à luz simultaneamente esses rebentos. Todos nós conhecemos o ditado "Deus dá o frio conforme o cobertor", mas ainda assim imagino o esforço supremo que deve ser driblar noites maldormidas e vividas, fraldas, mamadeiras, choros e dores de barriga, pediatras e obstetras, e cuidar de alguém que depende exclusivamente de você... quanta responsabilidade! Deveria existir uma lei que prorrogasse automaticamente o prazo de entrega da tese de quem tivesse um bebê de verdade... Quanto ao maior ou menor rigor da banca, não sei sinceramente se essa informação mudaria alguma coisa em relação à avaliação do trabalho apresentado, mas considero heróico alguém concluir uma tese nessas condições.

Outra categoria de custo é a de natureza realmente contábil. Como disse Mário Prata em sua crônica, o valor das bolsas é uma pobreza e quem vive exclusivamente delas certamente aprende a fazer competentes malabarismos. Como que para confirmar a Lei da Implicância das Pequenas Coisas ou a Lei de Murphy, somos "perseguidos" por ofertas profissionais atraentes e de conteúdo interessante que não aparecem em outros momentos. Temos que fazer um esforço brutal para conseguir dizer NÃO a muitas dessas tentações, que podem vir sob a forma de consultorias, congressos, publicação conjunta, encontros de estudiosos da área — um sem-número de oportunidades que desfilam na nossa frente só porque não podemos aceitar. A maioria desses convites tem contrapartida financeira, o que faz aumentar a vontade e/ou a necessidade de aceitá-los. Existe aqui embutida uma grande armadilha que consiste no seguinte: se aceitamos uma atividade extra, reduzimos o tempo de que dispomos para realizar nosso trabalho principal e corremos o risco de perdê-lo; se dizemos "não" para

tudo, corremos outro risco, o de depois não sermos mais convidados para nada, mesmo tendo concluído o trabalho. Não podemos desaparecer de vez, mas também não podemos esquecer que a tese é prioritária, única em alguns momentos.

Há ainda uma outra situação: quando vamos estudar ou complementar nossa pesquisa no exterior, a bolsa não é suficiente para cobrir nossas despesas. Precisamos, então, exercer alguma atividade profissional que nem sempre faz bom uso de todos os nossos talentos, mas nos garante uma graninha a mais para fazer a feira, ir ao cinema, alimentar a impressora com papel decente, comprar mais um livro, tomar uma cerveja, revelar aquelas fotos ou simplesmente fazer uma "festinha" com a conta do telefone. É óbvio que, excetuando-se umas poucas chances de participarmos de projetos remunerados (mesmo que a remuneração não seja lá essas coisas) da própria universidade, os empreguinhos que arrumamos são do tipo: garçom, *baby-sitter*, cantor de restaurante brasileiro, faxineira, caixa de loja, entregador de alguma coisa e, às vezes, professor de alguém que quer aprender português, música brasileira, capoeira ou samba, caso em que nem sempre sabemos muito mais que o aluno. Por alguma razão do destino, os bicos que encontramos em geral não exigem qualquer competência em particular, nem disputam com o nosso objeto a nossa energia intelectual (fidelidade garantida ou seu dinheiro de volta!). Teoricamente, o ideal seria que nos dedicássemos exclusivamente à tese, mas algumas pessoas suportam muito mal a concentração em um único foco e outras sentem grande angústia quando têm que lidar com múltiplos objetos. Se por necessidade você precisar garantir sua sobrevivência, na medida do possível faça com que a situação lhe seja favorável e você possa usar essa atividade para aliviar suas tensões. Procure conhecer pessoas e coisas interessantes envolvidas na tarefa, elas sempre existem. Cuidado, porém, para não aproveitar a oportunidade para alugar a paciência dos que o rodeiam. Você se arrisca a perder o empreguinho, sem falar na popularidade.

Assim como recebemos convites profissionais, também recebemos muitos convites sociais, que devemos tratar mais ou menos da mesma maneira. Podemos até pedir que *"pelo amor de Deus, não me convide para nada"*. Chega uma hora que de tanto nos ouvir dizer "não", as pessoas que gostariam de ter a nossa presença se acostumam com a nossa ausência e resolvem o problema por antecipação, dizendo: *"ah, deixa pra lá, está fazendo tese!"*, *"é melhor não incomodar, está fazendo tese!"*. Desgraçadamente, quando ninguém mais nos convida para nada é que estamos loucos para sair da toca e fazer a festa. Há ainda aqueles que, percebendo o quanto ficamos chatos por só falarmos na maldita tese, querem mesmo manter uma boa distância e esperar até que "estejamos curados". É verdade ainda que, como nossas finanças ficam abaladas, nem sempre podemos acompanhar os amigos aos lugares que eles querem ir. Não nos sentiríamos muito à vontade se eles percebessem que não vamos com eles porque o dinheiro está curto, daí ficamos mais "ocupados" do que de fato estamos. Afinal, o único assunto que consegue ser mais chato do que a tese é ficar repetindo mil vezes o preço que estamos pagando para fazê-la e quantos centavos temos que economizar por dia. É triste, mas insuportável!

Mais uma vez, é fundamental aprender algumas lições que podem nos ser muito úteis ao longo da vida. Devemos:

a) organizar melhor o nosso tempo, separando o "joio" do "trigo", ou as atividades dispersivas, salvo quando atendam à nossa necessidade de ruminação;
b) aceitar fazer renúncias, de preferência sem amargura e sem elevar o nosso mau humor ao nível do intolerável para os outros;
c) acomodar as cobranças resultantes do fato de determinarmos o uso do nosso tempo não em função da importância das coisas, mas da urgência delas;
d) conviver com um certo grau de rejeição, sem ficar toda hora chorando pelos corredores;
e) saber bater em retirada quando percebemos que estamos infernizando os outros, sempre lembrando da frase iluminada de não-sei-quem: *"o chato é aquele que não lhe acrescenta nada e ainda o priva da sua própria companhia"*; e, por fim, o que resume tudo:
f) gerir os limites de: "o que eu posso", "o que eu quero" e "o que eu devo", pelo menos temporariamente... é pouco?

Eu e a tese-amante

Cena 1: X é um fulano que está concluindo o seu doutorado em psicologia experimental numa universidade paulista de prestígio. Há três anos ele prepara a sua tese sobre o comportamento de uma aranha. Como o tempo de vida de uma aranha parece ser menor que o tempo de fazer uma tese, o exemplar original já foi várias vezes substituído. Toda vez que uma aranha morre e outra assume o palco, nosso doutorando treme com receio de que a novata tenha um comportamento discrepante em relação ao de suas antecessoras, e fica muito estressado com tudo isso.

Cena 2: Z é a mulher de X, com quem tem dois filhos. Já cansada, enjoada e enojada de ver, ouvir e competir com a maldita aranha da pesquisa, ela faz as malas, pega as crianças e, antes de jogar a chave da casa no lixo, diz em alto e bom som: *"nada menos que o divórcio! Eu seria até capaz de perdoar você por me trair com outra mulher e mesmo com um homem, mas ser trocada por uma aranha ordinária é demais!"*

Parece exagero, mas esse tipo de ocorrência se repete com relativa freqüência. Toda tese é absorvente, todo objeto de estudo acaba virando um assunto maçante. Alguns se tornam ou já são por natureza repulsivos e absolutamente inadequados para fazer parte de qualquer conversa interessante, seja no bar, na mesa ou na cama. Todo objeto de estudo "compete" com outras pessoas pela atenção de seu autor, mas aqueles que têm vida física podem incitar a atos de verdadeira hostilidade pessoal. No exemplo dado — que é real —, a esposa se diz disposta a fazer concessões no caso de uma traição não apenas a sua pessoa, mas ao seu próprio sexo, o que em geral é tido como ofensa máxima e raramente perdoado. O objeto de estudo em questão, que não só é uma coisa viva, mas de outra espécie e do gênero feminino, é visto como uma rival simbólica imbatível, pois ninguém em juízo perfeito pensaria que o senhor X estivesse fazendo sexo com a tal aranha!

Não conheço nenhum estudo sobre o comportamento[5] dos fazedores de tese, menos ainda sobre a vida sexual deles durante a realização de seu trabalho. Reconheço também que, na minha experiência pessoal, poucos foram os colegas que se aventuraram a falar alguma coisinha sobre o assunto. Sempre que por acaso surgia algum comentário, ele vinha na forma de piada: *"sexo, o que é isso?"*, *"já nem me lembro mais se sei o que é?"*, *"tá ficando louca, quem vai querer transar comigo, assim tão sedutora?"*, *"eu não consigo pensar bem com as duas cabeças ao mesmo tempo e, como optei pela tese, esqueci a outra, pra dizer a verdade nem lembro que existe!"*; *"abaixo do meu pescoço, tudo é natureza morta"*...

Fazer uma tese exige boa dose de sublimação. Concentramos nosso "investimento amoroso" ou parte considerável de nossa energia pulsional na realização desse projeto, enquanto reduzimos a canalização de energias para as demais atividades, ou simplesmente a interrompemos. A atividade criativa, seja intelectual, científica, política ou artística, mobiliza a nossa libido pela captação dos nossos ideais. Estamos tão envolvidos na grandiosidade do projeto e no quão especial ele nos torna ou tornará que transferimos parte das nossas energias, inclusive as sexuais, para esse alvo, em cujo nome podemos suportar sacrifícios e o adiamento de recompensas. Às vezes nem as nossas necessidades físicas são registradas; não raro esquecemos de comer, não sentimos sono, nem mesmo desejo sexual.

Considera-se que a atividade sexual intensa é capaz de desviar energias psíquicas de outros focos. Do ponto de vista freudiano, isso é perfeitamente compreensível, visto que para Freud nossa mais poderosa fonte de energia é a sexual, não sendo na verdade o sexo que desviaria a energia dos outros "objetos" e, sim, os outros "objetos" que se utilizariam, via sublimação, da energia sexual. Projetos políticos e religiosos revolucionários costumam ter por base uma forte abstinência sexual, como George Orwell expõe em *1984*. O Big Brother reivindica um amor incondicional, e a relação apaixonada de Winston e sua

[5] O único estudo sobre comportamento de alunos de que tomei conhecimento, mas que não consegui obter, é *Students under stress: a study in the social psychology of adaptation*, de David Mechanic (New York, Free Press, 1962).

amante é considerada perigosa para o partido por relativizar exatamente aquilo que deveria contar com dedicação integral. Charles Lindholm nos diz que a natureza da liderança carismática se assemelha à do amor apaixonado, sendo por isso mesmo incompatíveis, posto que ambas se apóiam na mesma fantasia de exclusividade e reciprocidade.

Se considerarmos as exigências mais do que discutidas de um trabalho de tese, verificaremos que ele se enquadra na categoria dos desviantes de energia sexual. Lembrando Aldous Huxley: *"intelectual é o sujeito que quer nos provar que existe na terra algo mais importante que o sexo"*. Aliás, Huxley, em *O admirável mundo novo,* trata o sexo com tamanha reverência que a única forma de ele não atrapalhar é torná-lo tão banal e asséptico que não desvie energia de absolutamente nada e não desperte nenhum gozo especial.

Isso quer dizer que todo mundo, necessariamente, fica impotente ou frígido quando está fazendo sua tese? Claro que não! Significa que, para grande parte das pessoas, a mobilização psíquica para a realização da tarefa é tamanha que a energia é drenada dos outros "objetos" da vida, incluindo o sexual. É como se nossa masturbação mental fosse uma forma cerebral de sexo, capaz até de provocar orgasmo.

Aliás, não é incomum um alheamento do mundo em geral. Ficamos um pouco "autistas". Paramos de ler jornal, nunca mais vamos ao cinema, não sabemos o que está se passando ao nosso lado, geralmente ficamos mais largados em relação à aparência física, assaltamos a geladeira seguidamente, fumamos demais, bebemos demais e dormimos de menos, exceto quando queremos nos esconder até do Criador do universo, o que pode acontecer uma vez ou outra.

Ficamos obcecados pelo trabalho, e não apenas só pensamos nele, como o vivemos intensamente. Nem nos nossos sonhos (ou pesadelos) a tese nos abandona. Vários autores, inclusive Freud em seu livro *A interpretação dos sonhos,* falam dos sonhos provocados por desconfortos físicos — uma pessoa com fome pode sonhar com comida, o mesmo se aplicando à sede e ao frio. Ninguém disse nada sobre sonhos ou pesadelos com teses, mas, seguindo o mesmo raciocínio, é possível abstrair que a vivência intensa da tese pode nos levar a sonhar com ela e a ter mesmo alguns bons *insights.* Vários depoimentos atestam que isso ocorre com alguma freqüência. Não nos é estranho ouvir fazedores de tese dizer que dormem com papel e caneta debaixo do travesseiro ou do lado da cama e que fazem bom uso deles. Muitas vezes, em estado de sonolência, conseguem escrever uma ou outra palavra-chave que depois faz sentido no contexto do trabalho. Também costumamos ouvir casos de pesadelos, sendo os mais comuns aqueles relacionados com a perda do material (por roubo ou traição mecânica; lá pelas tantas o computador decide apagar os arquivos), a fuga do orientador no dia da defesa, o sumiço dos exemplares na secretaria escolar, o não-comparecimento dos membros da banca por esquecimento do compromisso. Cada cabeça, uma sentença!

Essa obsessão se instala também na nossa cama e é tudo o que o nosso parceiro (que por mil razões já está se sentindo rejeitado) precisa para nos cobrar o reconhecimento da sua existência. Não é à toa que as teses acabam sendo uma grande prova de resistência dos relacionamentos amorosos. Durante a tese ficamos tão chatos que nem nossa sombra nos acompanha, porque só temos um assunto; ficamos também mais pobres, ou porque as bolsas são uma miséria, ou porque não podemos aceitar nenhum dos convites que nos fazem; ficamos mais introvertidos e nada divertidos, porque nossa cabeça está a mil por hora, ruminando; consideramos todo e qualquer convite um caso explícito de perseguição cujo único intuito é nos induzir ao desperdício de tempo; esquecemos datas e outras coisas importantes da nossa vida conjunta; não temos senso de humor nem paciência para brincar de papai-mamãe ou de casinha; não estamos nem um pouco interessados na vida do nosso parceiro; relaxamos por completo quanto a nossa aparência física e ainda ficamos assexuados. Reconheçam: é preciso muito amor para agüentar isso!

Se a maré já não é muito propícia para quem já tem um parceiro, o que dizer então de quem está disponível? É encalhe na certa! Com nossos atributos e qualidades entorpecidos ou ocultos e tantos defeitos expostos, as chances de nos sentirmos atraentes a ponto de sermos notados pelos outros são muito pequenas. Se só nos sentimos brilhantes quando estamos falando da tese, vamos falar sobre o que com o outro? Nem para fingir um interesse novo a gente encontra muita energia dentro de nós e comumente decidimos previamente o começo, o meio e o fim de um possível relacionamento: *"afinal, isso só vai dar trabalho, consumir tempo, e nada garante que a coisa vá funcionar"; "de qualquer forma, e depois? Ah, é melhor nem tentar, só vou arrumar confusão!"*. Tive um amigo que estava sendo paquerado por uma linda mulher e fugia dela como o diabo da cruz, alegando o seguinte: *"não posso aumentar meu nível atual de riscos e essa menina, com certeza, está pensando nessa porcaria de sexo"!*

Para felicidade de todos, há também travessias tão bem-feitas e com tanta cumplicidade da outra parte que chegam a lembrar um triângulo amoroso plenamente consentido e bem vivido: a tese nesse caso não é inimiga, não é rival, nem existe para ser boicotada. Amores dos mais variados quilates, amigos do peito inclusive, assumem conosco o projeto e, numa verdadeira doação, aprendem a ter paciência para ler as páginas que vamos escrevendo, mesmo quando não entendem nada do assunto; vão fazendo correções e colocando interrogações nos parágrafos incompreensíveis e nos erros gramaticais; fazem algumas traduções; tomam para si parte do serviço chato de reformatação do texto e da bibliografia; nos socorrem no uso de nosso maquinário e nos ensinam coisas novas que facilitam o trabalho; conferem citações com as referências; devolvem livros às bibliotecas... Assim, um projeto solitário e excludente transforma-se num projeto solidário e "comum", ainda que o autor seja sempre o senhor de todas as graças. Depois disso tudo, o fazedor de tese merece a forca se esquecer de agradecer!

Uma tese pode não ser uma grande amante, mas certamente é caprichosa, exclusivista, obstinada, chantagista. Da mesma forma que podemos falhar numa relação sexual, a tese nos lança olhares de censura se não estamos sempre em nossa melhor forma e não atingimos o nosso melhor desempenho. Ela é ao mesmo tempo a amante, o *voyeur* (enquanto está sendo feita) e, por fim, o filho. Complicou? Se fosse fácil não daria tanta dor de cabeça nem mobilizaria tantos fantasmas e fantasias...

Eu e a tese-encosto

Nas religiões e cultos afros, como o candomblé ou a umbanda, existem algumas entidades do mundo espiritual às quais se atribuem algumas características e que parecem desempenhar certas tarefas. Não entendo do assunto, mas como leiga sei que a palavra "encosto" significa a presença constante de uma entidade, geralmente perturbadora, que acompanha a sua vítima e trata de lhe atrapalhar a vida, atendendo ao pedido de alguém que tem interesse nesse resultado. Para livrar-se de um encosto é necessário algum tipo de ritual, com oferendas e muito poder de persuasão para fazê-lo desistir de sua missão e voltar ao seu lugar de origem.

Emprego a palavra aqui como uma metáfora (de autoria de um amigo) para expressar a idéia de alguma coisa que não nos deixa em paz, vigia-nos todo o tempo e nos deixa sempre cientes de sua presença. É claro que a tese é uma abstração, um compromisso, um trabalho e não uma pessoa ou um espírito, mas, como fruto de algumas de nossas produções intrapsíquicas, ela acaba assumindo um estatuto próprio, ao qual outorgamos uma quase-vida. A sensação de que levamos a tese para onde quer que vamos, de que ela só nos dá sossego quando estamos completamente mergulhados nela, de que ela e nós estabelecemos uma relação quase simbiótica merece algumas considerações.

Voltando aos nossos personagens íntimos e psíquicos e à natureza absorvente do trabalho de investigação, creio que o nosso censor exerce em muitos momentos todo o seu potencial de cobrança do dever e de ameaça de punição quando nos afastamos dele. Parece-me que a ele cabe a tarefa de vigiar não só o cumprimento do dever, mas também o uso que fazemos do nosso tempo. Isso significa que a sensação de culpa que sentimos quando nos ocupamos de outra coisa que não a tese é fruto desse agenciamento psíquico capitaneado pelo censor.

O nosso hedonista nos tenta com o prazer imediato e cobra a sua parcela de atenção, desviando as energias que deveríamos estar investindo no trabalho. O nosso racional, que tem sob sua responsabilidade a nossa integridade física e psíquica, age como moderador dos ímpetos do hedonista, reconhecendo-lhe a força e persuadindo-o a fazer certas concessões. O racional não tem autoridade nem força para suprimir a vontade do hedonista, mas possui mecanismos para reduzir a desordem que ele pode causar e para acomodar parte dos sacrifícios que fará, inclusive através dos ideais que prometem grandes recompensas futuras. É como se o racional dissesse ao dono do prazer: *"eu sei que você é mais forte e quer o prazer agora, mas se você esperar um pouquinho vai se divertir muito mais; você só precisa se conformar um pouco e depois o palco será todo seu para você fazer o que bem quiser"*. É admissível que essa "conversa silenciosa" se dê num plano inconsciente.

A convivência do racional com o censor também não está isenta de conflitos, nem representa uma batalha menos difícil. Como o censor é o senhor da lei, da ordem e, portanto, do castigo, ele procura disciplinar o hedonista a todo custo, numa disputa que fatalmente nos destruiria, nos levando à loucura, caso não houvesse algum tipo de acordo. O nosso racional, como o grande negociador, se esforça para que o censor alivie um pouco a carga, releve determinados deslizes, reduza a intensidade da cobrança, aumente a zona de tolerância e abrande o castigo. Ele tenta mostrar que, se o hedonista é o senhor do excesso, da desmedida e da desrazão, o censor é o senhor excessivamente zeloso e metódico do cumprimento do dever. Pode-se imaginar uma fala do racional nesse combate de titãs: *"você tem razão em querer a obediência, mas a sua severidade e rigidez excessivas podem gerar a revolta e aí, sim, é que o trabalho não será feito; vamos lá, dê uma trégua e permita ao hedonista fazer um pouco de festa, pois ele não é de ferro", "o hedonista é como um parafuso, se você apertar demais, ele vai quebrar e liberar tudo que está lá, aí é que vai ficar muito difícil de você controlar a rebelião..."*

Como disse antes, creio que a tese em si não introduz uma nova exigência na essência das produções de nossa vida psíquica. Apenas nos expõe por mais tempo às constantes brigas e negociações de nossas instâncias, agravadas pela necessidade de lidar com múltiplas variáveis do meio exterior, como os prazos, a falta de dinheiro, a solidão, a distância, o rompimento de alguns laços...

A angústia e a ansiedade provocadas por esses embates são da mesma natureza de outros eventos críticos de nossa vida quando nos sentimos em xeque. Se habitualmente já fugimos das dificuldades, nos escondemos dos problemas, camuflamos nossas inseguranças, temos vergonha de assumir nossas deficiências e pedir ajuda, teremos algumas dores a mais, pois fazer a tese nos deixa seguidamente frente a frente com essas dificuldades.

O controle que o censor exerce sobre nós, acenando com o sentimento de culpa, dizendo-nos que "toda diversão será castigada", encontra respaldo no mundo real da burocracia da escola e da empresa, assim como conta com o endosso, mesmo inconsciente, de quem está se sacrificando ao nosso lado. Se impomos sacrifícios aos nossos familiares e amigos, e ainda contamos com regalias no nosso ambiente de trabalho para a execução dessa tarefa, é óbvio que, quando nos desviamos um pouco dela para contemplar o universo e "afogar as mágoas", vamos receber — justa ou injustamente — algum tipo de censura, como se os estivéssemos lesando. Às vezes a censura pode vir camuflada numa reivindicação, provavelmente legítima e nem sempre passível de ser recusada; algo como: *"olhe, já que você resolveu dar um tempo no seu trabalho, estou contando com você pra..."*

Como não poderia deixar de ser, o orientador é também um regulador e controlador institucional do seu trabalho; afinal, ele é responsável pelo que você fizer e, especialmente, pelo que você não fizer, uma vez que seu nome está envolvido. Dependendo do estilo do orientando, ele deixará as "rédeas" mais frouxas ou mais curtas. Em geral o orientador tem sensibilidade para perceber que tipo de controle e marcação é o mais adequado em cada caso. Alguns alunos precisam de um acompanhamento mais de perto e de uma maior estruturação do trabalho, enquanto outros produzem melhor quando se sentem mais soltos e definem o próprio ritmo. É certo que há também os que definem apenas o não-ritmo e necessitam de uma "marcação" mais severa.

Em seu papel de controlador e regulador, o orientador pode ser um aliado externo tanto do censor quanto do racional. No primeiro caso, a cobrança pode ser encarada pelo orientando como uma acusação de vagabundagem e desperdício de tempo; no segundo, pode ser vista como mera exposição e análise de fatos; afinal, o programa tem regras que foram aceitas e que cobram um preço se ignoradas.

Quando uma dissertação ou uma tese não é concluída, a perda objetiva e mensurável é a do tempo e do dinheiro investidos, mas não apenas isso. Um mestrando e um doutorando são um gerúndio, estão se fazendo. Nesse sentido, a não-conclusão do trabalho devolve-os ao *status* de origem: um não é mais mestrando, apenas um graduado; o outro não é mais doutorando, apenas um mestre ou, pior, um graduado. Como vários anos foram investidos no programa, existe uma perda real não só do que não foi conseguido como do que foi, pois é como se o aluno já estivesse com o pé em outra posição e tivesse que voltar ao estágio inicial. A rigor, do ponto de vista estritamente objetivo e organizacional, de nada vale dizer *"eu sou graduado nisso e fiz os créditos do mestrado"* — o que fica é a primeira parte da frase.

Por fim, nosso lado idealista também exerce o seu controle. Diferentemente do controle do censor, que em boa medida está explícito nas regras e nas formalidades, o controle do idealista é muito mais sutil, porque está interiorizado. Enquanto o censor quer a obediência para não castigar, o idealista quer a perfeição para recompensar com a fama e aplausos de diversos tipos. A promessa de reconhecimento aventada pelos ideais (realistas ou não) é sedutora e, por isso mesmo, muito mais ardilosa. Felizmente, como este é um dos casos em que a possibilidade de gratificação interna e externa é grande e real, em geral a cobrança do perfeccionismo é proporcional ao benefício, pois o racional "conversa" melhor com este personagem, que é um desdobramento das "suas entranhas", do que com os outros dois senhores.

Sem dúvida o idealista deseja uma tese perfeita, mas prefere reduzir seu nível de aspiração a perder tudo. Diante das mais variadas pressões, ele pode abrir mão do "excelente" e aceitar um "bom" ou "satisfatório", com alguma dor e arranhões suportáveis. Para o idealista a maior vergonha (e esse é seu preço) é que seu fracasso seja testemunhado pelos outros, e não existe fracasso maior que a perda total. Ainda que um tanto a contragosto, ele assimila como vitória uma medalha de prata ou de bronze, mesmo querendo a de ouro. A maioria das pessoas absorve com relativa facilidade uma redução do nível de expectativa e, de alguma maneira, as demais compreendem isso, sobretudo quando se trata de uma tarefa tão exigente. O idealista pode sempre se prometer que a próxima será genial!

Mas, como nem tudo são flores no reino psíquico, existe ainda o caso em que o idealista lança desafios quase suicidas, construídos para não serem alcançados, numa verdadeira armadilha perversa, que faz do sujeito um eterno "condenado a vencer" e não lhe dá qualquer direito ao erro. A vergonha de não ter sido capaz, de não estar à altura, de não ter conseguido, mesmo em condições adversas, pode causar uma ferida tão grande que dificilmente a pessoa sai sozinha desse redemoinho.

O idealista é o guardião daquilo que queremos ser. Quando experimentamos fracassos seguidos, a conta do idealista é diretamente afetada, podendo produzir dois tipos de radicalização: a) a declaração de incompetência para tentar novos desafios; e b) o estabelecimento de objetivos absurdamente elevados para compensar os fracassos anteriores. Não raro, tanto num caso quanto no outro, o destino é mais fracasso, mais vergonha, queda de auto-estima, medo de enfrentar a realidade e recusa em reconhecer que precisa de ajuda para romper o círculo vicioso.

Além do auxílio especializado de terapeutas e psicanalistas, podemos contar com as pessoas que nos conhecem e nos querem bem. Elas são boas diagnosticadoras dos sinais de excessiva cobrança do nosso perfeccionismo e podem nos ajudar a enxergar se o que estabelecemos como meta é uma ambição atingível ou uma arma carregada e apontada contra nós. São as pessoas que nos amam que, estando destituídas da inveja e da competição, podem nos fazer perceber a fronteira que separa o desafio do suicídio na busca da perfeição. Seja como for, o melhor é termos sempre em mente que, para o idealista, não existe sucesso ou fracasso sem a sua participação. Ele jamais aceita que ocorreram devido ao acaso ou à fatalidade: o acaso explica de menos e a fatalidade explica demais.

Eu e a tese-parto

"*Ter um filho, plantar uma árvore e escrever um livro*" — eis o ideal de uma vida plenamente justificada!

Em geral somos orgulhosos demais para admitir que viemos povoar este planeta apenas para sermos mais um. A idéia de que temos uma missão ou uma coisa importante que justifique esse passeio sempre inquietou o bicho humano, independentemente de suas crenças religiosas ou mesmo reforçada por elas. Mas "de onde viemos, para o que viemos e para onde vamos" são questões que continuam em aberto e que dão margem a muitas especulações. Eu também vou arriscar a minha, usando a primeira frase como referência no que diz respeito ao "para quê".

Ora, um filho, uma árvore e um livro são significantes oriundos de um mesmo signo: Vida, Renovação, Perpetuação, Reprodução. Tomando-se esse simbolismo como uma via explicativa, pode-se dizer que os três elementos estão ligados à maternidade, sendo o filho e a árvore gestados em úteros femininos, respectivamente da mulher e da terra, enquanto o livro tem seu útero na cabeça, que não é nem feminina nem masculina. Um filho garante a perpetuação da espécie, a continuidade de gerações e a seqüência da vida; a árvore garante o ar, a alimentação, a beleza e a continuidade da natureza, também vida; e o livro, garante o quê? Ele garante a História. Servindo-se da memória e do saber construído por nossos ancestrais, ele nos presenteia com as idéias, os sonhos, o imaginário, o emocional e o racional que vigoraram numa determinada época e espaço, e que são patrimônio de todos nós (com o qual aprendemos e nos renovamos). Quando falo de livro, não me limito à sua forma física atual, mas a todas as formas que assumiu para nos deixar um legado intelectual.

Como no pensamento especulativo cabe tudo, recorro à mitologia grega, de onde, a meu ver, possivelmente veio essa história de "filho, árvore e livro". Zeus (ou Júpiter), como senhor supremo do Olimpo, aceitava com muito prazer sua missão de reprodutor incumbido de povoar a terra. Apesar dos ciúmes e do espírito extremamente vingativo de Hera (ou Juno), sua irmã-esposa, Zeus sempre se dedicou com afinco e muita criatividade à sua tarefa, gerando muitos filhos com outras deusas, semideusas e mortais. Vez por outra ele, e mais freqüentemente a sua parceira de momento, conhecia a extensão do poder vingativo de Hera, protetora das mães lícitas (parece estranho que naquele mundo pagão já existisse preconceito e castigo para as mães solteiras ou as adúlteras — mas era assim mesmo, informa o estudo da mitologia).

Em dois casos excepcionais (um mais do que o outro), Zeus é ao mesmo tempo pai e mãe. Dioniso (ou Baco), nascido de uma relação de Zeus com uma mortal, sofre — como a mãe, Sêmela — a cruel vingança de Hera, sendo estraçalhado. Zeus o socorre e, costurando um pedaço do corpo do bebê morto na própria coxa, o protege e dá-lhe nova vida. Em seu primeiro nascimento, Dioniso seria um semideus, dado que filho de uma mortal; no segundo, fruto exclusivo de Zeus, adquire a imortalidade. Dioniso seria tratado por Hera durante toda a vida como um deus de segunda categoria e um indesejado. Não por acaso freqüentaria muito pouco o Olimpo, preferindo levar sua vida louca e desregrada em outras paragens, cometendo todos os desatinos que lhe davam prazer, sem levar em conta os conselhos do pai, que por sua vez também deixava o barco correr solto, sem muita interferência.

Zeus também foi mãe e pai de Atena (ou Minerva) — e este segundo caso é particularmente relevante para o nosso argumento. Sentindo insuportável dor de cabeça, Zeus a arrebenta e dela retira Atena. Ela é sua filha exclusiva, seu xodó, e uma humilhação para Hera, pois Zeus procriou sozinho, sem precisar de sua interferência. Diferentemente do desprezo e do desdém demonstrados no trato com Dioniso, Hera teria com Atena uma relação de aceitação e de respeito. Atena, deusa da Sabedoria e da Estratégia, era a grande conselheira de Zeus e dos mortais quando o assunto (especialmente a guerra) merecia estudo, análise e ponderação. Seu animal de estimação — a coruja — até hoje é símbolo de sabedoria, estando presente nas paredes de muitas universidades espalhadas no mundo ocidental. Atena era protetora de Ulisses (uma espécie de filho adotivo), que metia medo nos inimigos não por ser o guerreiro mais bravo, mas por ser o mais astuto.

Um dia, Zeus resolve promover um concurso em que o prêmio para o ganhador seria dar seu nome a uma cidade especial, onde os mortais pudessem prestar suas homenagens e fazer seus cultos aos deuses. Na reta final da disputa, Atena compete com seu tio Posêidon (ou Netuno), o deus dos mares. O objeto do concurso era escolher o presente mais útil para a cidade. Posêidon oferece como presente uma nova carruagem, capaz de atravessar terras e mares. Atena dá como presente à cidade uma árvore, uma oliveira, cujos frutos pudessem alimentar sua população. Com a vitória da árvore, Atena dá seu nome à cidade, que assim permanece até hoje. Na Grécia há templos espalhados por todos os lugares, mas a Acrópole é o grande símbolo da unidade do Olimpo e local onde a deusa Atena tem seu santuário especial.

Na atual cidade de Atenas, inclusive na própria Acrópole, assim como em toda a Grécia, existem oliveiras para todos os lados e o azeite de oliva é ainda hoje um ingrediente imprescindível na culinária grega, além de um produto que muito contribui para as exportações do país. O cultivo e a colheita das olivas nos dias de hoje continuam sendo rituais comemorados com grande fervor.

Voltando ao conteúdo do poder de Atena — a sabedoria e a estratégia —, vale a pena tecer mais alguns comentários sobre o trabalho intelectual, do qual o livro é um dos resultados mais conhecidos. Atena divide com Apolo a responsabilidade pelo desenvolvimento do intelecto. O que Apolo tem a ver com isso? Vejamos: Apolo e Ártemis (ou Diana) são filhos gêmeos de Zeus e Leto, cujo destino, traçado por Hera, foi a morte de parto. Ártemis, a primeira a nascer, ajudou a mãe a dar à luz a Apolo. Durante toda a vida, nenhum dos dois seria feliz no amor, nem deixaria uma grande prole. Ártemis, senhora da lua e protetora da Natureza, com suas matas, águas e animais, era também caçadora, tinha uma legião de fiéis e freqüentava pouco o Olimpo (na maioria das vezes atendendo a pedido do pai). Apolo, senhor do sol, era o protetor das Artes, morava no Olimpo e dele se afastava muito pouco. As Artes representam todos os trabalhos e ofícios criativos, inclusive as Letras e a Música. A referência ao sol não guarda nenhuma relação com a conotação atual de um astro-rei do signo masculino. Está relacionada com seu poder iluminador e permanente, do que se pode depreender que as Artes eram tidas como guias na condução da vida. O mesmo se pode depreender do trabalho intelectual, que é um guia iluminador na condução da vida.

Mitologias e delírios especulativos à parte, o fato é que vemos hoje no centro da cidade de Atenas, na frente do prédio da Academia de Ciências e Letras Gregas, duas altas colunas simétricas. Encimando uma delas está Apolo, com sua lira; na outra, está Atena, com uma coruja aos pés. Atena e Apolo representam o desenvolvimento intelectual e o somátorio do pensamento racional e do pensamento sensível, que hoje são atribuídos aos lados direito e esquerdo do cérebro humano.

Nesse sentido não se pode dizer que a mitologia grega dê respaldo à crença em voga de que o masculino e o feminino estão representados mais de um lado do que de outro do nosso cérebro, dado que Atena, mulher, expressa o racional lógico-numérico-científico e Apolo, homem, é a expressão do saber sensível, das letras, da intuição, da criatividade intelectual. Ou os gregos não davam a menor importância à separação de gênero, ou houve uma apropriação pelo masculino daquilo que a modernidade julga como atividade mais valorizada — o saber racional. Mas isso é outra história...

Por falar em cérebro, voltemos à questão do útero do livro: a cabeça, nem masculina, nem feminina. Quando dei ao capítulo 4 o título de "Tese dá dor de cabeça e dor nas costas", nem de longe imaginei que fosse beber na mitologia grega, na dor de cabeça, nem no parto cerebral de Zeus; no entanto, aí está um fio de meada que surgiu por vontade própria no decorrer do ensaio...

Quando Zeus pariu Atena, ele nos falou do enorme potencial de maternidade da nossa cabeça. Atena, com corpo e feições humanas, representa o próprio intelecto, fonte de idéias, análise e síntese. Podemos, pois, afirmar que a maternidade do nosso cérebro é acessível ao ser humano, independentemente de gênero. Toda produção intelectual é uma espécie de bebê, que foi gerado, desenvolvido e um dia nasceu para a apreciação externa.

Como se dá a gestação de uma tese, de um livro? Quem sabe uma reconstituição de percurso possa nos ajudar nesse ponto. Num primeiro momento sentimo-nos atraídos por uma área de estudos em particular, mantemos com ela uma proximidade maior e tentamos descobrir seus segredos. Das múltiplas formas de aproximação e intimidade, escolhemos aquela que se revela mais envolvente e sedutora. Estabelecemos com aquilo que será o nosso objeto de estudo um envolvimento apaixonado e por vezes obsessivo. Fazemos da nossa investigação uma prioridade (por várias razões) e deixamos que ela conduza nossa vida por uns tempos.

Durante todo o tempo em que ela estiver em gestação, nos lembrará sempre que estamos "grávidas" e que devemos parir num determinado momento. A gravidez pode ser mais tranqüila ou mais tumultuada, como qualquer gravidez, mas dificilmente será isenta de algum tipo de dor, de ansiedade, de angústia, de expectativa quanto à saúde ou não do rebento, quanto à possibilidade de a cria ser bem aceita ou não, e de o mundo vir a aplaudi-la ou não. Ao longo do tempo podemos contar com a presença de nosso médico obstetra, que nos falará dos cuidados a tomar e que acompanhará o desenvolvimento do bebê para nos informar se ele está indo bem ou se precisamos tomar mais vitaminas. Também sentiremos contrações mais fortes ou mais fracas e, eventualmente, teremos alguns alarmes falsos. Os entes queridos que participam de forma indireta dessa "produção independente" em boa medida nos darão carinho, compreensão, e facilitarão nossa infra-estrutura para que possamos nos dedicar à nossa cria. Concluída a gestação, chega a hora do nascimento, por meio de uma cesariana, praticada por uma junta médica sob a coordenação do nosso médico-orientador.

Bebê nascido, parabéns recebidos e festa feita, podemos estabelecer com nossa cria uma relação de admiração e orgulho do tipo "*meu Deus, nem acredito que fui eu quem gerou esta coisa linda*", "*quem diria que aquela coisinha de nada daria nessa coisa fabulosa*", ou então embarcar num processo de clivagem, separando as qualidades herdadas de nós e os defeitos, que certamente foram herdados do "pai" ou da "família dele". Ou seja, o que é bom é meu, o que não é bom é contribuição do outro — geralmente o orientador.

Há ainda os casos de nascimento prematuro, porém é mais freqüente a mãe não se considerar "ainda pronta" e pleitear "uma prorrogaçãozinha", geralmente negada. A maternidade-instituição costuma levar muito a sério a programação do calendário de nascimentos, também porque tem razões legítimas para usar a estatística em benefício da própria sobrevivência.

Após o parto, a parturiente está sujeita a uma recuperação mais rápida ou mais lenta, dependendo em muito de como foi vivida a gestação. Boa parte das parturientes sente-se aliviada, curte seu ritual de passagem e conseqüente iniciação junto a membros de outra comunidade, faz planos para o crescimento futuro do seu bebê e talvez até comece a pensar numa nova gravidez mais adiante.

Assim como as dores de um parto de verdade costumam ser esquecidas pelas mães, sendo por isso mesmo chamadas de "dores sem-vergonha", as dores de parir uma tese também acabam se transformando em lembranças, que o tempo apaga, para a maioria dos fazedores de tese. Da mesma forma que uma mãe experiente (ou que se considera experiente) sente-se à vontade para dar palpites, sugestões e conselhos a uma marinheira de primeira viagem, a maioria dos fazedores de tese não se recusa a socializar sua experiência, fazer a sua *mea culpa* e dizer o que faria diferente.

Mas também há casos, mais ou menos raros, de fazedores de tese que terminam seu trabalho de modo tão traumático que tudo o que desejam é pôr uma pedra em cima e enterrar a história. Acontece que esse enterro pode ser feito de várias maneiras. Entre as mais extremas figura tratar a tese como um assunto tabu, ao qual não se faz menção ou do qual se fala de maneira totalmente banalizada, desqualificada, insultando os esforços e os sacrifícios feitos ou os que serão feitos pelos ouvintes. Algo como "*tudo balela, uma tese não é nenhum bicho-de-sete-cabeças, não tem nenhuma dificuldade*", "*uma tese não é mais que um ritual burocrático", "bobagem, essa lengalenga toda é só uma forma de valorizar a academia, que está morta e sabe disso", "soubesse eu que era tanto barulho por nada, nem teria me metido nisso..."*. Sinceramente, não consigo pensar em nada mais triste do que um desfecho desse tipo, nem mesmo os "abortos", que podem ocorrer por mil razões justificadas e que, nem por isso, são sempre assimilados com facilidade.

Depois de todas as revisões, das cópias e mais cópias, e da correria para o preenchimento das formalidades burocráticas, chega a hora de você protocolar o seu trabalho, o orientador e o coordenador definirem os membros da banca e marcarem a última parte do ritual.

Aproveite esses dias em que a banca está lendo o material para descansar, mude um pouco de ambiente (se puder) e refresque as idéias. Nos primeiros dias você talvez não sinta qualquer redução no nível de adrenalina e sua cabeça vai continuar a mil, mas aos poucos você vai se dar conta de que pode preencher seu dia com várias outras atividades que haviam sido postas de lado. Você vai se reestruturar. Em alguns casos, a pessoa só quer dormir sem estabelecer hora para acordar. Dê ouvidos a si próprio e se permita ir fazendo as pazes com o outro quotidiano devagarinho...

"É fácil falar", você diz. Pois sim, como voltar ao normal se ainda existe a banca pela frente? E que banca?! Banca é sempre um mistério, pois pode ser uma combinação de tudo com tudo. O seu orientador deve ter juízo o suficiente para não colocar, por exemplo, inimigos na mesma banca, por mais "cobras" que os caras sejam na área. Quando isso ocorre, o circo está montado. Cada um se pavoneia e provoca o outro para mostrar serviço, cada um critica a perspectiva de análise alheia. Moral da história: a preocupação em usar o momento da defesa da tese como espetáculo é tanta que o trabalho do orientando fica esquecido. Não é preciso sequer que os membros da banca sejam inimigos; duas "vedetes" podem dar um *show* semelhante, pelo fato de uma querer ofuscar a outra. Se por algum motivo você se vir diante de uma situação como essa, demonstre calma e equilíbrio, não ponha mais fogo na fogueira das vaidades, fique na sua e defenda o seu trabalho sem fazer menção aos arroubos de sapiência que na verdade não lhe são dirigidos. Não seja irônico nem sarcástico... já está quase acabando. Você está coberto de razão de achar que não merece essa tensão a mais e que é abominável que tenha ficado exposto a mais esse fator de *stress*, mas procure manter o sangue-frio que seu racional virá decerto em seu socorro.

Ainda que situações como a que acabo de descrever aconteçam, o mais comum é a banca ser equilibrada. E se você não foi louco de peitar o seu orientador quando este lhe pediu mais um reforço em algum ponto, o ritual seguirá um curso tranqüilo. Quero aqui chamar a atenção para o perigo de confronto do orientando com o orientador, no caso de este dizer que não considera o trabalho pronto para a etapa da defesa. Se isso ocorrer, não seja louco de ir em frente, pois o orientador tem todo o direito de deixar claro para os seus pares que ele próprio tem ressalvas a fazer ao trabalho. Afinal, ele tem um nome a zelar. É impressionante como esse tipo de situação ainda ocorre e mais impressionante ainda como o orientando se mostra surpreso com a reação pública do orientador. Não force a barra, nem cometa o suicídio de brigar com o seu orientador nessa hora. Nunca se esqueça de que ele já passou por isso e conhece as regras do jogo melhor do que você.

É claro que a argüição faz parte do processo, mas desde que você se lembre que o assunto e o modo de abordá-lo é que estão em discussão, você vai sobreviver como todo mundo. Você conhece bem o assunto e nem se dará conta do passar do tempo. Converse antes com o seu orientador sobre os procedimentos de pergunta-resposta e a própria apresentação inicial do trabalho, que funciona como um aquecimento e também serve para diminuir um natural nervosismo. Esse é ainda o momento de explicar determinadas questões que não foram escritas. Em geral a banca é compreensiva de início e não vai querer entrar direto nos comentários, que começam sempre elogiando alguma coisa para depois apontar os senões. Sabe quando alguém vai comentar um filme e só diz que a fotografia é boa? Às vezes é essa a impressão, mas procure controlar a ansiedade e não vá respondendo de imediato, pois logo em seguida o debate estará armado e você poderá juntar melhor as peças. Tudo o que você precisa é calma, o resto já está feito.

Permito-me ainda uma sugestão: convide todas as pessoas que você ama para assistir à sua defesa de tese, compartilhe com elas esse momento, que é de uma alegria indescritível. Depois saia com elas para render homenagens ao seu hedonista, pois nessa hora ele estará completamente reconciliado com todos os demais personagens. Nesse dia você é a estrela, não se acanhe de estar transbordando de orgulho e rindo para as paredes, a sua festa é totalmente merecida e não estranhe se um dia você quiser sentir isso tudo de novo! Quando você encontrar alguém que lhe diga "estou fazendo tese", seja sincero e, se puder, generoso.

"E agora, José?"

PARABÉNS! Você sobreviveu!!! Mereceu todas as festas, recebeu todos os aplausos e tem um futuro promissor pela frente. Está tudo certo, tudo no devido lugar. Você é também uma pessoa de sorte (este é um fator incontrolável, mas não desprezível) se conseguiu organizar a sua travessia de maneira tranqüila...

Infelizmente, nem todos conseguem fazer essa passagem de forma serena, o que é compreensível. Vejamos: quando exageramos na utilização de cafeína, álcool e cigarros, nosso organismo não se ressente e fica meio perdido? Não temos ressaca? Não é essa a forma de o nosso corpo sinalizar o abuso sofrido? Quando nossas energias psíquicas e emocionais são muito mobilizadas, acontece uma reação parecida, que varia de grau de pessoa para pessoa, sendo muito comum a exaustão. Tudo o que boa parte de nós necessita para se recuperar é ir reduzindo a marcha devagarinho e ficar quieto, em silêncio. Outros, porém, talvez prefiram todos os barulhos do mundo. A beleza está na diferença!

O líquido e certo é que cada um reage de modo diferente ao preço cobrado pelo trabalho realizado. Durante muito tempo nos dedicamos, nos envolvemos, nos consumimos, nos enfrentamos, enfrentamos os outros; enfim, cumprimos uma série de exigências tão duras que, em algum momento, até chegamos a acreditar que a coisa nunca acabaria. Aí, de repente, ela acaba e nos percebemos incrédulos e talvez anestesiados.

É óbvio que todo aquele *stress* penosamente suportado por tanto tempo não se esvai de imediato, num mero piscar de olhos ou só porque queremos. Temos um ritmo interior que precisa ser readquirido e respeitado; não somos máquinas, sem ou com controle remoto. O nosso trabalho está pronto, foi aprovado e comemorado, mas a longa "paixão" dedicada a ele vai se esvaindo aos poucos, enquanto a gente redireciona nossas energias para outros alvos. Sobrevivemos à vulnerabilidade, gerimos as incertezas, dominamos um desconhecido em nós mesmos e livramo-nos de alguns fantasmas, ainda que tenhamos angariado outros novos. Devemos ser gratos a nós mesmos e apreciar nossas vitórias. Outras situações causadoras de *stress* virão, mas estamos mais fortes agora, ainda que um pouco cansados. Temos o direito de curtir nossa paz e nosso alívio! É isso que a grande maioria dos mortais faz depois de uma guerra.

Há, todavia, casos de depressão pós-parto, vulgarmente chamada de "síndrome do saco vazio", que podem se manifestar como uma desorientação de rumo assim expressa: *"fiquei tanto tempo envolvida com esse projeto que agora que ele acabou não sei o que fazer da vida", "pelo menos enquanto estava cuidando disso eu não precisava enfrentar outras coisas", "fiz isso porque fui obrigada, mas não reconheço como meu", "agradeço aos que não lerem este trabalho", "Deus me livre, nunca mais quero ver um livro na minha vida"* e por aí em diante. Se essa sensação se tornar muito desconfortável e você pressentir (certas coisas a gente não sabe, mas sente) que ela quer se tornar duradoura, corra atrás de ajuda. Converse com outras pessoas que também passaram pelo processo, escute o que dizem os mais velhos e, se necessário, procure um profissional para ajudá-lo a atravessar essa fase. Não se conforme, você tem o direito de voltar a fazer novos planos e de se entusiasmar ao realizá-los.

Lembre-se que uma tese tem vários propósitos. Os profissionais são mais do que claros, mas não se pode dizer o mesmo dos pessoais. Fazer uma tese é um rico e duro exercício de autoconvivência, uma época de grandes descobertas sobre quem somos, de aprendizagem sobre o objeto de estudo maior, que, no fim de tudo, somos nós mesmos. Quando realmente estamos abertos a um maior autoconhecimento, podemos aproveitar muitas das lições que essa experiência proporciona para responder ao desafio da esfinge: "decifra-me ou devoro-te". A resposta será sempre parcial, mas nem por isso menos reveladora. Estaremos mais próximos de nós mesmos e mais confiantes de que somos capazes de enfrentar nossas próprias limitações. É por isso que saímos de uma tese mais fortes do que quando nela entramos.

Precisaremos sem dúvida de um tempo para assimilar todo o aprendizado, para descansar e voltar ao nosso quotidiano, que foi recortado. Precisaremos também de muita coragem para nos reaproximar das pessoas que deixamos de lado, e de humildade para nos desculpar por tantas lacunas que deixamos no meio do caminho. Precisaremos, acima de tudo, agradecer todos os apoios, a compreensão e o carinho recebidos. E apagar os ressentimentos, jogar fora a roupa velha da rabugice e do mau humor.

Quando aceitamos os nossos erros, as omissões e as negligências cometidas e também nossas conquistas e o preço pago por elas, estamos mais próximos de reconhecer que somos uns bichinhos danados de complicados e por isso mesmo fascinantes. É a nossa humanidade que nos faz belos! É a nossa humanidade que nos faz felizes de ser aprendizes...

Cesta básica: caldo de carne (dicas)

Caro leitor, ao longo deste ensaio tentei ser o mais fiel possível à minha memória, às minhas percepções e aos meus sentimentos relacionados com o assunto. Posso garantir-lhe que escrever este livro deu-me muito prazer, mas não posso lhe dizer que fiquei imune ao que escrevia. Relembrar várias das histórias vividas por mim ou por outras pessoas foi também um duro exercício de fé e de companheirismo. De fé porque realmente acredito na força transformadora da atividade intelectual e acadêmica; de companheirismo porque sou cúmplice e solidária com os que enfrentam uma empreitada dessa natureza, nem sempre bem compreendida e valorizada. Escrever sobre "viver a tese" foi também reviver o meu processo, foi desarquivar pedaços da minha vida e atualizar afetos ligados ao meu trabalho do dia-a-dia como pesquisadora e também orientadora. O meu propósito inicial de desnudar alguns aspectos nebulosos e ser o mais honesta possível neste exercício me acompanhou até aqui. Certamente deixei muitas lacunas, mas em momento algum tive a pretensão de preencher todas elas, nem de fazer um cardápio de receitas que se possa usar em todas as ocasiões. Não acredito em receitas e, sim, na importância da qualidade dos ingredientes que usamos para criá-las e nos cuidados que devemos ter em sua preparação. Todo ato criador envolve uma certa dose de alquimia e de exposição ao risco de ousar, seja na cozinha seja no trabalho puramente intelectual. É da sua natureza. Todas as histórias são válidas e todas nos ensinam até onde estamos abertos à aprendizagem. Mas não podemos exigir que alguém dê aquilo que não tem, como não podemos exigir que alguém receba um presente que não quer. Se você teve paciência para ler este texto até aqui é porque foi animado por um interesse ou uma necessidade genuína de alguma coisa: curiosidade, cumplicidade, conselho, experiência ou sei lá o quê. Se você não encontrou o que procurava, lamento muitíssimo tanto a perda do seu precioso tempo quanto a do seu rico dinheirinho. Se você quiser ser ainda um pouco mais generoso, talvez se disponha a me escrever para relatar a sua busca.

Este capítulo, que encerra essa nossa conversa, pretende ser apenas um conjunto de lembretes e sugestões sobre coisinhas que você pode tentar durante todo o seu programa de pós-graduação. Chamei-o de cesta básica porque ele contém apenas alguns itens de uma lista muito maior e que cada um adapta ao seu gosto, desejo e necessidade. A referência ao tablete de caldo carne (ou de galinha, dependendo do freguês) significa apenas a constatação de que o complemento condensado pode acentuar o sabor, mas não substitui os ingredientes, nem basta para fazer um prato. Vamos lá:

1. Durante a fase de créditos, procure sempre que possível misturar disciplinas obrigatórias com eletivas que tenham relação com o seu objeto de interesse. Quando a gente só faz as obrigatórias, pensando em se livrar desse "entulho" o mais rápido possível, a gente se arrisca a reduzir o grau de envolvimento com o programa como um todo. Não se deve esquecer que o prazer é parte integrante da brincadeira e que em geral temos mais prazer com o que queremos fazer do que com o que devemos fazer. A carga de leituras também fica mais leve, pois dói menos o sacrifício por amor...
2. Procure se informar sobre os professores do programa e sobre seus interesses de pesquisa. Descubra o que eles andam fazendo, o que escreveram recentemente. Talvez você não tenha que se decidir de imediato por um orientador, mas não poderá fugir a essa decisão por muito tempo. Informação não se despreza, acumula-se e usa-se quando necessário!
3. Escolha um grupo de professores com potencial para orientadores. Certas informações são facilmente encontráveis, outras exigem que se corra atrás. Por exemplo, leia as teses e os últimos trabalhos publicados ou orientados por aqueles professores que você tem em mente, e verifique se existe a afinidade teórica que você busca. Você é o autor da sua tese e sua perspectiva de análise pode ser fortalecida ou empobrecida dependendo do suporte que lhe dê seu orientador. Converse com colegas que já são orientandos desses professores e procure saber o máximo possível sobre a relação entre eles. Considere que as duas partes têm o direito de falar e, se possível, procure também o professor para conhecê-lo melhor. Não

se esqueça que um orientador famoso por seu trabalho muito provavelmente merece a fama que tem, mas a fama é dele, foi conquistada por ele e não é transmissível por meios burocráticos.

4. Procure ler e assistir às defesas de tese relacionadas com a sua área, o seu tema e os seus potenciais orientadores. Este é um bom momento para conhecer também professores de outras instituições, pois no futuro você poderá recorrer a eles para complementar informações sobre o seu estudo. O comportamento da banca durante a defesa é também uma boa indicação da seriedade, do rigor, do senso de justiça, do interesse no tema e do respeito ao trabalho do outro. Uma banca pode ser rigorosa sem ser sádica, pode ser empática sem ser permissiva, pode ser compreensiva sem ser complacente. É verdade que você não leu o trabalho que está sendo avaliado, mas você pode ter uma idéia a partir do debate que ali ocorrer. Daí a algum tempo será você o sabatinado e é melhor não ter outras surpresas além das necessárias.

5. Uma vez escolhido o seu orientador, procure manter com ele um contato mais próximo. Isso não significa pedir-lhe a bênção para tudo o que você pretende fazer e, sim, que você deve ter em mente que, assim como você, ele também tem uma vida para cuidar e que a vida acadêmica propicia algumas possibilidades de afastamento: congressos, sabáticos, professor visitante, pós-doutorado... Comunique mudanças de endereço, telefone, e-mail, cidade, viagens longas, intercâmbios. Não dê chance para o azar de não ser encontrado quando for procurado, é muito fácil culpar depois. Além disso, um contato mais próximo pode beneficiá-lo em relação a outras experiências que você está vivenciando.

6. Durante o período de realização dos créditos, procure na medida do possível elaborar os trabalhos das disciplinas (especialmente as relacionadas ao seu tema) no formato de *paper* para congressos. Eventualmente você poderá submetê-los e eles serem aceitos. Isso é importante se você já desenvolve ou pretende desenvolver uma atividade acadêmica profissional, pois são publicações já validadas.

7. Se você for realizar uma pesquisa de campo saiba que não tem controle sobre a agenda dos outros. Estabeleça no cronograma um prazo sensato para contatos e entrevistas, a fim de que possam ser desmarcados e remarcados. Invariavelmente essas atividades sofrem atrasos, mas a maioria deve-se à falta de realismo no prazo definido no cronograma. Dependendo da amostra que você for fazer, pode ocorrer uma grande demora na negociação. Às vezes a negociação é rápida, porém na hora H as entrevistas são ou postergadas ou inviabilizadas por aquele que deu o aceite. Justificativas não faltarão, mas também de

nada lhe adiantarão. Exerça sobre o seu trabalho o controle que puder, mas não negligencie os fatores que dependem de outros.

8. Quando estiver terminando a sua última revisão, procure a secretaria escolar e se informe sobre todos os requisitos necessários para protocolar a sua tese. Cada instituição tem exigências próprias e algumas manias que podem ser infernais. Além da questão dos prazos, considere que os membros da banca não vão consultá-lo para fazer as suas agendas. Dependendo do número de membros e da época em que ocorrerá a defesa, é muito difícil compatibilizar horários. As bancas são formadas por pessoas que se dispõem a assumir uma carga maior de trabalho e de responsabilidade por uma questão de cortesia acadêmica. Mesmo quando as instituições pagam alguma coisa a título de honorários, a soma é insignificante e por si só não vale a pena nem para compensar o tempo despendido na avaliação do trabalho, nem tampouco o deslocamento em uma mesma cidade. Posso assegurar que todo acadêmico costuma levar muito a sério os compromissos assumidos com os seus pares, mas também precisa ser respeitado e não receber pedidos descabidos. Numa emergência, uma banca pode se reunir até num domingo, mas não é de bom tom enviar-lhe uma tese de mil páginas para ser analisada em uma semana!
9. Mais uma vez, não desapareça, nem tente fazer seu orientador "engolir" um trabalho do qual não participou ou no qual suas opiniões não foram respeitadas. Você necessita do aval institucional e da legitimação acadêmica, independentemente da genialidade do seu trabalho e de ele poder vir a se tornar um grande *best-seller* como livro na área.

Este é um livro aberto e você está convidado a escrever algumas páginas sobre a sua vivência. Considero satisfeita a minha vontade de falar sobre o assunto e, obviamente, ficarei muito feliz de saber que este trabalho lhe foi útil. Ria das suas próprias bobagens sempre que possível e elas deixarão de ser bobagens. Desejo-lhe sorte na sua caminhada e faço-lhe uma confissão: enquanto escrevia esta história, voltei a fumar!

São os orientadores os donos da bola?

Achei que poderia ser interessante e muito útil que você soubesse o que pensam os orientadores, essa raça confundida com seres que sabem tudo ou pensam que sabem tudo. Por isso pedi a alguns amigos que falassem um pouquinho sobre suas experiências. Todos são professores-doutores e pesquisadores com uns bons anos de quilometragem e ouvi-los talvez nos ajude a refletir sobre o outro lado da moeda, sem o qual a relação não se sustenta. A idéia foi deixá-los à vontade para trilhar seus caminhos em seu próprio estilo. Vamos a eles:

Fernando Cláudio Prestes Motta, professor do Departamento de Administração Geral e Recursos Humanos da Escola de Administração de Empresas de São Paulo (EAESP)/FGV e da Faculdade de Educação da USP.

"Um orientando passa por um ritual de passagem. Alguns requisitos:

Humildade
Humildade
Humildade
Honestidade
Honestidade
Honestidade
Competência."

Henor Arthur de Souza, professor da Universidade Federal de Ouro Preto (Ufop)/Escola de Minas.

"Ser orientador ou orientar um trabalho técnico-científico ou não é, através de uma discussão conjunta orientador-orientado, traçar e/ou indicar os limites do trabalho de pesquisa e montar um cronograma definindo as principais etapas a serem desenvolvidas. É discutir sobre as estratégias de ação para alcançar os objetivos propostos. É saber ouvir o orientado. É admitir erros e falhas durante a execução do trabalho. Do orientado se espera objetividade, persistência e organização na execução do seu trabalho. Espera-se que ele tenha sempre vontade de buscar novas descobertas e goste de desafios. Espera-se uma relação de trabalho franca e amiga. Espera-se que haja prazer em pesquisar."

Sylvia Constant Vergara, professora da Escola Brasileira de Administração Pública (EBAP)/FGV e da PUC-Rio.

"Ser orientador de dissertação ou tese é ajudar o orientando a tornar-se pesquisador, a realizar descobertas que, sozinho, ele teria dificuldade de realizar. É perscrutar o talento natural do orientando e ajudá-lo a clarificar as idéias. Ser orientador é ser provocador de reflexões e facilitador de aprendizagem. É influenciar, aconselhar, ouvir, ajudar o orientando a refletir, redirecionar idéias se necessário e a fazer escolhas de conteúdo teórico e metodológico. É provocar no orientando a possibilidade de um olhar diferente sobre o fenômeno em estudo que o modifique ou que facilite uma abordagem inovadora. Ser orientador é contribuir para que o orientando se desenvolva integralmente, o que pressupõe a atualização de seu potencial físico, emocional, intelectual, político e espiritual. É ser cientista no modo de clarificar as coisas e artista na sensibilidade para compreender o orientando. Numa época em que florescem o espetáculo, os efeitos especiais, o capital simbólico, o simulacro, ser orientador é desnudar-se ao orientando, permitindo que ele perceba as forças e as fraquezas de seu orientador e a possibilidade de ambos aprenderem no processo de pesquisa. Ser orientador é rejubilar-se, sem perder a humildade, quando um orientando escreve em sua tese: 'À ...., orientadora e amiga, que soube me despertar uma curiosidade quase esquecida. Mais do que apenas mostrar caminhos acadêmicos, irradia uma luminosidade observável somente nas grandes estrelas, quando se negam a compactuar com a escuridão'.

O orientador espera de seu orientando disponibilidade intelectual, psicológica e espiritual para aprender. Espera que ele seja responsável, organizado, que tenha disciplina intelectual, que seja curioso, detetive, que faça perguntas há muito esquecidas, que reflita, que discuta, que exponha suas conclusões, mesmo que provisórias. Espera que o orientando estabeleça parceria com seu orientador e que lhe tenha confiança, de modo que ambos aprendam. Mas que caminhe com seus próprios pés. Espera que ele atualize o seu potencial. O orientador espera de seu orientando equilíbrio emocional para lidar com as muitas idas-e-vindas do processo científico, com base no entendimento de que a vida é um processo não-linear. Espera que orientando aprenda com as vacilações e erros porventura cometidos e que se entusiasme com o que está fazendo, sinta prazer no seu crescimento. O orientador espera de seu orientando a consciência de que seu estudo compromete a si mesmo, ao seu orientador, à instituição à qual pertence, à comunidade acadêmica. Espera de seu orientando que adquira habilidade em identificar um problema de pesquisa científica, em buscar as informações necessárias para respondê-lo, que exercite o rigor metodológico e a profundidade teórica e, finalmente, que adquira habilidade para comunicar as suas descobertas de forma clara e elegante. No rito de passagem que então ocorre, espera que o orientando adquira a sua independência intelectual e possa ouvir de seu orientador: 'como eu me orgulho de você!'"

Afrânio Catani, professor da USP/Faculdade de Educação e Programa de Pós-Graduação em Integração da América Latina.

"De feiticeiros e aprendizes:

Inicialmente devo dizer que fiquei muito contente com o convite formulado por Maria Ester de Freitas para falar a respeito do que é ser orientador, isto é, alguém que já enfrentou esse rito de passagem que se constitui a elaboração, ao menos, de uma tese de doutorado e, após algum tempo, recebeu a delegação burocrático-pedagógica do sistema de ensino para unir suas próprias neuroses, inseguranças e inquietações às de jovens que postulam se converter em aprendizes de feiticeiros. Se não sou tão experiente como orientador, também não sou tão neófito, pois quase duas dezenas de mestres e doutores concluíram seus trabalhos sob a minha supervisão; assim, creio que alguma coisa posso dizer sobre esse processo em que orientador e orientando estudam, trabalham e aprendem juntos.

Venho me dedicando a temáticas variadas, tais como políticas de ensino superior na América Latina, história do cinema na AL, sociologia da cultura, do conhecimento e das organizações e, nesse sentido, os orientandos são de distintas procedências (temáticas, institucionais e geográficas). Sem tentar estabelecer uma tipologia de orientandos, é possível dizer que alguns são parceiros, co-autores, me forçam a estudar e a ler muito para acompanhá-los. A atividade em conjunto representa verdadeiro processo de aprendizagem para ambos, algo que ainda realizamos de maneira artesanal, sem grandes equipes, sem secretárias e sem financiamentos polpudos. Há outros, também de bom nível, com quem aprendo, mas que, tão logo obtido o título, talvez até por suas próprias características, prosseguem em suas carreiras; têm boa produção intelectual, mas não se tornam parceiros. Há ainda outro grupo que faz com que eu sofra — e imagino que eles também sofram, principalmente com o meu mau humor —, pois cada capítulo (ou parte dele) exige leitura-releitura-correção-reformulação constantes, acima do normal, nem sempre atingindo os resultados esperados.

Mas é lícito perguntar o que se deve esperar de uma dissertação ou de uma tese nesses tempos em que a rapidez na produção dá o tom? De uma dissertação espero que o futuro mestre consiga, a partir de uma dada bibliografia e do levantamento de determinada documentação, ordenar o tema escolhido; de uma tese, creio que já se pode exigir aprofundamentos teórico-metodológicos mais refinados, devendo prevalecer o tratamento original da temática, com o orientando gozando de autonomia intelectual em graus avançados. Esse processo de produção implica, geralmente, constante tensão, pois orientando-orientador defrontam-se com suas limitações teóricas (e que devem ser contornadas em pouco tempo). É preciso acrescentar ainda outro detalhe: não há um dia sequer, ao longo de meses, em que mestrandos e doutorandos deixem de pensar que mais uma semana se passou e o trabalho caminhou mais lentamente que o desejável. É nessa hora que o orientador tem que ser tolerante e não deixar o barco virar, o que, convenhamos, não é assim tão simples."

Pólia Lerner Hamburger, professora emérita da EAESP/FGV.

"Com a experiência de muitas orientações de dissertação e tese, diria que ser orientadora envolve muitas atividades gratificantes e muitas atividades frustradoras, quando as expectativas não se realizam. A orientação envolve entender a perspectiva do orientando sobre o seu tema. Afinal, ele é o autor.

Problemas:

i. geralmente ele escolhe um tema amplo demais e cabe ao orientador levá-lo a um foco mais determinado, dentro de suas possibilidades de tempo e recursos;

ii. identificar, no tópico geral, o que é oportuno, interessante e, no caso do doutoramento, o que é contribuição nova;

iii. compensar, com leituras em prazo curtíssimo, os atrasos do aluno no cronograma, evitando que perca os prazos;

iv. exigir para as reuniões de orientação um trabalho escrito sobre o qual opinar (isso evita discussões estéreis, das quais nada resulta).

v. esperar que o aluno mantenha uma boa estrutura de trabalho: objetivo(s), justificativa, revisão teórica, metodologia, análise dos dados, conclusões, limitações do estudo, sugestões para futuras pesquisas;

vi. esperar que o trabalho esteja corretamente redigido (acho legítimo enviar o trabalho para uma revisão, uma edição, em português).

Em resumo, espero que o aluno siga a orientação e produza um trabalho de que ele e o seu orientador possam se orgulhar."

Gustavo Luís Gutierrez, professor da Unicamp/Departamento de Estudos do Lazer/Faculdade de Educação Física.

"Quem orienta o orientador?

É muito fácil definir o que se espera de um orientando: que passe na seleção, que aprove as disciplinas e a proficiência em língua estrangeira, que se qualifique e defenda com competência. Na realidade concreta, contudo, as coisas são um pouco mais complicadas.

Em nenhum momento da preparação do pesquisador existe uma atividade voltada para o aprendizado da orientação. Aprende-se a fazer pesquisa e, a partir da conclusão do doutorado, inicia-se, através da prática, o aprendizado de orientador.

Isso significa dizer que a forma de orientar de cada orientador é fortemente marcada pelas suas experiências acadêmicas anteriores, pelas suas características de personalidade e, principalmente, pela sua relação com os próprios orientadores, seja para copiá-los, seja para fazer exatamente o contrário. Portanto, quando um pós-graduando inicia sua função de orientando está involuntariamente se integrando a essa longa corrente, na qual tanto será criatura quanto criador, causa e efeito.

Essa dimensão geralmente é pouco clara para o estudante, em função da sua juventude e do envolvimento mais direto com as aulas e o desenvolvimento da pesquisa.

O que esperar, portanto, de um orientando, além de esforço e honestidade? Correndo o risco de pedir demais, poderia se esperar do orientando paciência e tolerância com o seu orientador (o que é muito diferente de temor...), a percepção de que muitas vezes os diálogos não estão exclusivamente voltados para o interlocutor imediato, mas compartilhados com fantasmas de um passado sempre presente, e com dimensões organizacionais particularmente marcantes.

Do outro lado da mesa, sempre é bom lembrar, o orientando vive um período bastante específico de sua vida. O mestrado, hoje em dia quase sempre uma seqüência da graduação, coincide com a necessidade de tomar todas as grandes decisões profissionais e pessoais que caracterizam a passagem para uma vida adulta, na perspectiva profissional, pessoal, familiar etc... ou seja, um momento particularmente agitado para qualquer ser humano.

O doutorando, por sua vez, tem uma grande possibilidade de vir a viver uma experiência com traços de esquizofrenia. Como na maioria dos casos ele já está na carreira acadêmica dando aulas numa faculdade, divide a sua semana, e eventualmente o próprio dia, na representação de dois papéis opostos: num momento é um comportado, respeitoso e interessado aluno, e no outro um docente que orienta monografias, ministra aulas, participa de comissões etc.

O que esperar do orientando então? Bem, além de tudo o que foi colocado e destacando uma grande capacidade de alteridade, que administre bem as pressões pessoais, familiares e profissionais que estiver porventura sofrendo, e que consiga mudar de papel social e organizacional sem grandes traumas.

É muita coisa? Está muito complicado? Mas é justamente por isso, e por muito mais, que podemos afirmar que se a escola não é o mais doce e maravilhoso lugar do mundo para trabalhar, é com toda a certeza o menos tedioso."

Geni Dornelles, professora da UFGRS/Faculdade de Administração.

"SER ORIENTADOR É SER UM ARTISTA: é trabalhar duro na concepção de algo que não está claro nem para aquele que teve a idéia, que fez a opção pelo assunto a ser estudado... É cooperar na construção desse conhecimento, sabendo ouvir, dialogar, exigir e cobrar. É, sobretudo, esclarecer um pensamento. A condição de trabalho é sempre adversa, falta dedicação e sobra insegurança ao aluno, pelo alto nível de ansiedade nessa luta contra o tempo. Ele subestima o volume de leitura e de trabalho necessário e acaba queimando seus neurônios, preocupado não com o trabalho em si, mas com prazos, geralmente no limite. Alinhar o discurso do orientador com o do orientando é possível, mas demanda um tempo considerável.

A etapa de cumprimento de créditos costuma ser uma maratona, que não permite tempo para pensar. Nesse ponto da jornada, ainda falta ao aluno uma reflexão sobre o mundo em que vive e no qual pretende intervir. Mediar esse diálogo do orientando com a vida profissional é o dever de casa de seu orientador. No tocante ao teor dos discursos iniciais, com raras exceções, as abordagens escolhidas vão da alienação teórica à utopia, seja por deficiência de formação acadêmica, seja por carência de boa leitura. Já na elaboração do trabalho propriamente dito, há que se demonstrar sempre o nexo entre teoria e prática, a diferença entre método e técnica e a distinção entre argumento lógico e falácia ou modismo.

Ademais, a matéria-prima também varia; são dois tipos de orientando em nível de mestrado: o tradicional e o executivo. Embora a exigência para o delineamento do projeto seja a mesma e demande igual esforço do orientador, o sentido é contrário. Os primeiros precisam ser inseridos na realidade e ver além da academia. Aqui, a arte do orientador está em provocar o *insight* no orientando, fazendo com que perceba a "sociedade administrada" de Adorno como ela realmente é para, então, identificar as verdadeiras carências das organizações e formular o problema. Os últimos, antes de mais nada, devem ser temporariamente extraídos da sua organização, para que, afastados do contexto instrumental, consigam lançar o mesmo olhar sobre a realidade.

Se a arte é, antes de tudo, expressão, ser orientador/artista é acreditar na capacidade de comunicação do aluno, apostar nele enquanto o trabalho planejado estiver sendo realizado, garantir a ele que as adversidades podem ser superadas e que o grande desafio é concluir a obra. Havendo essa crença, com certeza tudo será feito com responsabilidade, conforme os ditames da ciência, da técnica, da ética e da estética na apresentação. Por fim, um último retoque: o orientador deve alertar o aluno para que seja humilde. Não raro, se encontra em uma banca de exame não o contraditório, que sendo dialético é sempre esclarecedor, mas uma voz dissonante que ainda não teve "aquele" *insight*. Afinal, artistas e obras, assim como a ciência e seus produtos, se definem pela busca da perfeição e não pelo intocável e acabado.

ESPERO QUE MEU ORIENTANDO SEJA UM SER HUMANO ALEGRE. A alegria não exige contrapartida, é espontânea. Tenho para mim que, no trabalho, uma pessoa alegre é feliz, se identifica com o que faz e procura fazê-lo cada vez melhor. Assim sendo, ela revela responsabilidade e honestidade, cujos fundamentos encontram-se em duas virtudes importantes: justiça e prudência. Ambas permitem ao homem viver bem e criar vínculos, criticar a realidade sem ser ácido e acreditar no futuro sem ser romântico. Essa é a postura de quem tem consciência de si, identifica seu papel social e o sentido do desenvolvimento atual das organizações e da sociedade. Para tanto, é preciso ligar proposta de estudo a conteúdo de disciplina cursada. Da mesma maneira, é básico conhecer os fundamentos da teoria das organizações (que afinal não chega a cem anos de produção literária) e de metodologia da pesquisa científica. Mesmo que a administração utilize o método da ciência, não necessariamente toda dissertação ou tese nela produzida será uma pesquisa. Esse discernimento é fundamental para a aplicabilidade do método no contexto laboral, além de ser um requisito de aprendizagem profissional superior.

Saber fazer é *modus operandi*. Saber o que se está fazendo é dever, ação social, atividade política, exercício de cidadania."

Maria Rita Loureiro, EAESP/FGV, Departamento de Fundamentos Sociais e Jurídicos.

"Os desafios da relação entre orientador e orientando

Um depoimento sobre a relação orientandor e orientando exige referência não só a experiências concretas, mas, ao mesmo tempo, reflexão sobre o que deve ser esse vínculo em termos normativos: o que se espera e que valores se deseja alcançar por seu intermédio.

Começo falando das dificuldades que enfrentei como orientadora, como cientista social em uma escola de administração. A primeira refere-se a expectativas diferentes em relação aos resultados do trabalho. Tendo sido treinada em curso de ciências sociais, considero a tese de doutorado, e mesmo a dissertação de mestrado, um trabalho que resulta de pesquisa empírica original, formulada e desenvolvida a partir de problemas teóricos, permitindo algum avanço do conhecimento na área de estudo. Para o estudante de administração, o trabalho resultante do curso de pós-graduação é, em geral, visto a partir de um enfoque mais aplicado, voltado para a resolução de problemas práticos da vida profissional na empresa privada ou na organização pública. Sendo necessária a conciliação dessas duas expectativas, o desafio que para mim se coloca, em caso particular de orientação, é: ajudar a desenvolver a capacidade analítica do aluno e a preocupação em gerar algum avanço no conhecimento (em graus variados, dependendo de suas ambições intelectuais, limitações de tempo e ainda do nível do curso, mestrado ou doutorado) sem perder de vista a necessidade de aplicá-las a suas demandas práticas de profissional para quem a pesquisa científica não é a atividade principal de trabalho.

Além da natureza do trabalho, a diferença de expectativas desdobra-se ainda em disposições internas quanto ao trabalho, especialmente com relação ao tempo mobilizado para o seu amadurecimento. Isso gera para o orientando o desafio de tolerar a necessidade de reformular seu texto todas as vezes necessárias ao aprofundamento e à consistência de sua análise. Trata-se de ponto bastante delicado, podendo a orientadora parecer muito exigente, especialmente quando os alunos sentem pressões profissionais e mesmo familiares para 'terminar logo este trabalho que está demorando demais'.

Imagino que diferenças de expectativas e de significados do trabalho de orientação de um lado e, de outro, de elaboração da tese perpassam o vínculo, mesmo quando orientador e orientando estão no mesmo campo profissional e têm a mesma formação acadêmica.

Assim, para dar certo, essa relação tem que se basear, como qualquer outra interação humana, na verdade e na capacidade de discutir tais diferenças. É preciso que cada um possa revelar seus limites recíprocos, suas hesitações e embaraços, sem medo, porque confia na tolerância e no respeito do outro."

Esdras Borges Costa, professor da EAESP/FGV-Departamento de Fundamentos Sociais e Jurídicos (aposentado) e diretor da Fundap.

" O QUE É SER ORIENTADOR

Os 'orientandos' eram estudantes que estavam passando por uma delicada experiência de 'iniciação': identificar, dentro de um prazo determinado, um foco em seus conhecimentos, submetê-lo à crítica e apresentá-lo na forma de um texto a ser aprovado ou reprovado por 'autoridades'. No mínimo estavam passando pelo teste de transitar da linguagem oral para a linguagem escrita, o que resulta freqüentemente em confusões e desentendimentos.

Nesse nível de maturidade (ou de imaturidade), cada caso foi singular. Cada candidato teve a sua própria história. E em cada caso eu me encontrei vivendo uma experiência diferente de orientador — na rejeição e acolhimento de conceitos e problemas de investigação, no tempo destinado a ouvir e a se fazer ouvir, na exigência de textos completos e na aceitação de fragmentos, na pesquisa bibliográfica para minha própria atualização, no apoio à escolha dos membros da banca, e muitas outras decisões e ações que fizeram a história de cada orientação.

O QUE ESPERO DE CADA ORIENTANDO

Individualidade. Singularidade. Sinceridade com seus próprios objetivos científicos, acadêmicos e profissionais. O que não é fácil. Individualidade não significa ambição de 'reinventar a roda', mas sim criar e desenvolver um olhar pessoal — que geralmente é subdesenvolvido neste ponto da carreira do aluno —- para examinar o material teórico/empírico e prático/profissional disponível. Disponível segundo as circunstâncias. Trata-se portanto de uma individualidade autocrítica.

A essa autocrítica, que resulta em uma certa redução da abrangência do assunto da tese, deve também somar-se uma posição crítica diante das expectativas acadêmicas da escola, dos professores e dos colegas. Não se trata de crítica arrogante; pelo contrário, é modesta. É ingênuo para o candidato imaginar-se capaz de dominar o conhecimento existente nos livros e na experiência dos especialistas. O próprio volume de leituras a fazer dentro do tempo disponível é limitado, embora haja surpresas em casos excepcionais. A ilusão de já se estar pronto para o debate é às vezes disfarçada pela aceitação não crítica das expectativas das 'autoridades'.

Em relação a essas duas críticas, espero que o candidato seja flexível quanto ao tema, porém teimoso quanto a sua curiosidade; nas experiências de orientação, esse ajuste variou de pessoa para pessoa. As circunstâncias, tais como bolsas, professores disponíveis para a banca, créditos oferecidos e outras, também variaram de caso para caso.

Como se vê, às perguntas propostas minha resposta só pode ser aberta. Há que ouvir muito, e então ser crítico, uma crítica que se faz à base da compreensão que resulta de ouvir muito. E essa base, repito, varia de candidato para candidato."

José Henrique de Faria, professor da Universidade Federal do Paraná/Faculdade de Administração.

"ORIENTAÇÃO E CUMPLICIDADE

Minha experiência como orientando e orientador autoriza-me a arriscar a afirmação de que esse processo se desenvolve em quatro fases. A da pré-seleção, a da seleção fina, a da aproximação identitária e a da escolha. A esta última pode se seguir uma quinta fase, a da re-opção, ou seja, da troca e da nova escolha.

Na primeira fase, o orientador é previamente escolhido pelo orientando, ainda que não tenha conhecimento disso. Seja no primeiro encontro, em que cada professor fala ao conjunto dos novos alunos sobre suas pesquisas, atividades de extensão e disciplinas ministradas, seja na apreciação do *curriculum vitae* e das áreas de interesse do professor, seja na entrevista, o futuro orientando seleciona entre os professores aqueles que lhe parecem os mais identificados consigo e com seu projeto. É uma fase tipicamente caracterizada pela coleta de nomes pelos orientandos, uma garimpagem com certo grau de subjetividade.

Na segunda fase, agora já mais bem informado, especialmente nas consultas informais realizadas com os veteranos nos corredores ou na cantina, o candidato a orientando opera uma seleção fina sobre a primeira seleção e escolhe duas ou três alternativas que possam vir a se constituir em seu futuro orientador: também nesta fase, o orientador não sabe precisamente que está sendo escolhido, embora alguns já consigam intuir. Por isso é que, nesse ponto, pode-se dizer que o orientando escolhe o orientador que o escolherá. Isso parece óbvio, mas não é. O orientador pode recusar uma orientação, mas quando a aceita é porque já foi antes escolhido.

A terceira fase é a da aproximação identitária. O candidato a orientando aproxima-se dos seus escolhidos na segunda fase para verificar as possibilidades de estabelecer identificações teóricas, políticas, ideológicas e afetivas. Nesta fase, o orientador já percebe o movimento do candidato e começa a dar sinais de sua disponibilidade ou não. A indisponibilidade pode se dar por vários motivos, não excludentes: desinteresse pelo tema/assunto, falta de domínio do conteúdo, pressentimento de que a relação com o orientando será difícil, falta de uma ligação sólida de desejo, divergências de concepção teórica e/ou metodológica, impossibilidade real (seja por já estar com o número máximo de orientandos, seja por falta de condições pessoais). Se a indisponibilidade for explicitada ou se não ficar clara mas o candidato percebê-la, logo tratará de fixar-se em outra alternativa. Se não perceber, avançará até a explicitação do convite, obrigando o orientador a pronunciar-se: nem todos conseguem externar sua recusa e por isso, às vezes, orientam quem não desejariam.

A quarta e última fase é a da escolha. Rigorosamente, a escolha é um procedimento bilateral. Ainda que tenha havido uma pré-seleção e uma seleção fina por parte do orientando e ainda que a aproximação identitária possa ter encaminhado a decisão, só nesta fase é que o processo se consolida: às vezes acaba em frustração de uma ou de ambas as partes, o que recomenda o reinício do processo para o orientando, desencadeando a fase da re-opção. A fase da escolha é a mais delicada, pois é aí que se estabelecem os compromissos: seja qual for o mecanismo ou a forma pela qual essa fase se realiza, tanto o orientador quanto o orientando devem ter claro que firmam um contrato em que um deve empenhar-se ao máximo para garantir uma orientação de qualidade e o outro deve dedicar-se ao máximo para realizar o melhor trabalho. Se a escolha não foi aquela que ambos desejariam, mas a possível diante das circunstâncias, pouco importa. Trata-se, agora, de lidar com a realidade: há casos em que um início um tanto frágil acaba produzindo excelentes trabalhos e uma relação pessoal agradável, da mesma forma que há casos em que um início bem estruturado acaba produzindo trabalhos deficientes e uma relação pessoal conflituosa. Portanto, que fique claro que o que se configura como tendência nem sempre resulta em realidade.

Passada a escolha formal e consolidada sua trajetória, começa a se desenvolver uma relação de cumplicidade, na qual o orientador é o mais interessado. Sem dúvida, para o orientador, sua tarefa é mais que um dever acadêmico, é o empréstimo de seu prestígio, que está se transferindo para o trabalho orientado. O orientador assina o trabalho e, portanto, é cúmplice dele. Nesta assinatura está seu nome nos círculos científicos e na sociedade, sua história, sua posição teórica e epistemológica, seu reconhecimento e seu *status*. Para o bem e para o mal. Dessa cumplicidade pode resultar que o orientador venha a ter: a) expandido seu prestígio, o que ocorre quando o trabalho orientado alcança grande sucesso e alavanca seu nome junto à comunidade; b) mantido seu prestígio, o que ocorre quando o trabalho orientado está a altura da história do orientador; c) reduzido seu prestígio, o que ocorre quando o trabalho orientado depõe contra a história do orientador. Em todos os casos, o orientador é igualmente responsável, junto com seu orientando, pelo que vier a acontecer, ainda que isso dependa, fundamentalmente, da condição e da capacidade deste.

Do meu ponto de vista enquanto orientador, acredito ser adequado, para a produção do conhecimento, adotar uma concepção que não abdique dos fundamentos da ciência, pois são eles que conferem a garantia de que o processo de elaboração teórica será realizado. Isso exige a observância dos rigores metodológicos, independentemente das opções que vierem a ser utilizadas. Nesse sentido, entende-se que a metodologia a ser adotada em uma investigação científica é dada não só pelas próprias condições do sujeito pesquisador, como pela própria natureza do objeto de pesquisa, ou seja, não existe uma metodologia padrão que se aplique a qualquer objeto em quaisquer circunstâncias. Entretanto, para que o momento da apreensão teórica seja indicado, convém fazer uma rápida formulação das condições que julgo essenciais.

Todo sujeito possui estruturas cognitivas e estruturas afetivas, as quais são constituídas de esquemas cognitivos e esquemas emocionais (conscientes e inconscientes). De acordo com Piaget,[6] esquemas são modos de reação passíveis de ser generalizados de uma ação a outra e constituem a principal fonte dos conceitos. Os esquemas possibilitam a adaptação do sujeito ao meio, a qual se dá através de seus mecanismos constituintes: a assimilação (ação do sujeito sobre o objeto) e a acomodação (ação do objeto sobre o sujeito). Desde o início, as estruturas mentais alicerçam tanto a formação quanto o funcionamento dos esquemas. Assim, as estruturas são modificadas pelos novos esquemas, ou seja, se reestruturam, em um movimento permanente, dinâmico e dialético, no qual contradições e paradoxos ocupam seus lugares, pois não se trata de um percurso linear.

Desde seu nascimento a criança possui, de pronto, uma forma de funcionar, dada por sua condição humana. Em seu início, na constituição do indivíduo, esse padrão de funcionamento, descrito pela neurobiologia dos processos mentais e do comportamento como sistemas neurais organizados,[7] obedece a princípios gerais e a estruturas próprias do mapa genético, constituindo os primeiros atributos e capacidades indivi-

---

[6] Os conceitos atribuídos a Jean Piaget encontram-se expressos em diferentes partes de sua extensa obra, razão pela qual entendo conveniente, neste texto, apenas mencionar seu autor.

[7] Ver, a este respeito, Buss, David M. *Evolucionary psychology: the new science of the mind*. (Boston, Allyn and Bacon, 1999) e Damásio, António R. The feeling of what happens: body and emotion in the making of consciousness (New York, Harcourt Brace, 1999).

duais. Essa forma, portanto, determinará o ponto de partida da constituição das estruturas por um processo organizado de adaptação, de sorte que o sujeito, ao longo de seu próprio desenvolvimento, assimila o que lhe é fornecido pelo ambiente (age sobre o objeto), acomoda esse conhecimento (ajeita a ação do objeto sobre suas estruturas), torna a assimilar e acomodar em um movimento contínuo, o qual forma e renova os esquemas, estabelece relações entre os mesmos, ampliando e aprimorando cada vez mais as estruturas da inteligência. Assim, as estruturas, constantemente renovadas, ao mesmo tempo em que formulam e geram informações, concepções e conceitos, processam, controlam e compartilham informações fornecidas pelo real, pelo simbólico e pelo imaginário, constituindo dessa maneira o fundamento do comportamento exibido e da sua compreensão. Gradativa, dinâmica e contraditoriamente, o desenvolvimento do sujeito depende de sua condição de internalizar e se apropriar, em suas estruturas cognitivas e afetivas, das interações que é capaz de formular conscientemente ou que lhes são inscritas inconscientemente. Dito de outro modo, as possibilidades de adaptação (assimilação e acomodação) são geradas por interações processadas no interior das estruturas mentais.

Assim, o desenvolvimento das estruturas cognitivas e afetivas se dá sempre em um processo no qual estas se ampliam e se flexibilizam. A formação das estruturas está condicionada à maturação orgânica do sujeito (nervosa, endócrina), à transmissão social (convenções, valores, códigos, afetos, costumes), à experiência (física e lógico-matemática) e à equilibração (dinâmica e dialética). Estes compostos das estruturas não são elementos presentes apenas no aparato consciente-racional, também permanecem escondidos no inconsciente. É importante observar, a esse respeito, que para Piaget não existem dois domínios, o do consciente e do inconsciente, separados por uma fronteira, mas um único, do qual, mesmo nos estados mais lúcidos, só se percebe uma pequena parte, a qual escapa quase que totalmente quando já não se a controla de perto. Isso torna a análise do conhecimento, que o sujeito possui e que expressa, e das experiências, que acumula, uma tarefa que exige extrema cautela.

Ainda de acordo com Piaget, existem dois tipos básicos de experiência. A experiência física refere-se à interação do sujeito com o real a partir das propriedades do real. Interação, na medida em que o sujeito só pode se relacionar com o real enquanto uma ação própria que tem por suporte os esquemas constituintes da estrutura. Aqui, com seus esquemas, o sujeito realiza uma abstração do real de acordo com as propriedades deste e com os esquemas de apreensão daquele. Já a experiência lógico-matemática refere-se a uma abstração decorrente da ação do sujeito sobre o real, ou seja, decorrente das propriedades da ação do sujeito. Em ambos os casos, o sujeito é sempre e necessariamente ativo na relação com o real, de forma que não é o real que determina a percepção do sujeito, mas a relação do sujeito com o real: ação e pensamento (a práxis) constituem a percepção inteligente.

As estruturas do sujeito e o real não são estáticos. Ambos estão em constante movimento, de forma que a percepção do sujeito sobre o real varia conforme se desenvolvem suas estruturas e seus esquemas e conforme se processa a dinâmica do real.

A percepção do objeto, a elaboração intelectual sobre o mesmo, com suas classificações, ordenamentos e concepções, não se trata de teoria, mas de conhecimento. Conhecer é agir sobre a realidade ou sobre dados abstratos e integrá-los às próprias estruturas, enquanto a teoria exige outros requisitos. A relação primeira que o sujeito tem com o objeto de seu conhecimento pode ser apenas uma aproximação precária, sem que se processe uma relação de elaboração sobre o mesmo e sobre o próprio pensar. O objeto precariamente percebido o será, mesmo assim, a partir da ação do sujeito, com as estruturas que o mesmo possui. Da aproximação precária para a construção de um objeto elaborado, o sujeito necessitará refletir tanto sobre sua percepção quanto sobre o seu pensar. Para elaborar teoria o sujeito necessita seguir procedimentos reconhecidos pela ciência: é aqui que o orientador deve fazer sua aparição.

De fato um primeiro contato do orientando com o objeto, essa aproximação precária se dá pela ação deste (com suas estruturas) sobre o objeto, o qual, contudo, nesse nível da relação, aparecerá para o orientando apenas com sua aparência mais imediata: a informação que o orientando retira está na forma manifesta do objeto. Nesta fase ocorre a percepção primária, na qual o orientando e o objeto a ser investigado estabelecem uma relação frágil, em que a ação intelectual, a inteligência, é menos exigida. Se toda a relação encerrasse aí, o orientando teria apenas tido informações acerca do objeto, mas não consciência do mesmo e de sua ação sobre ele, já que a tomada de consciência é uma reconstrução e, desse modo, uma construção original que se superpõe à construção devida à ação. Esta primeira aproximação é chamada, na academia, de fase de definição do tema e do objeto. É comum, nesta fase, que se encontre um conjunto de orientandos angustiados à procura de temas e objetos, outros experimentando conflitos decorrentes de escolhas entre alternativas e outros ainda completamente perdidos. Aqui ainda não cabe a formulação do problema de pesquisa, de modo que, se houver uma exigência formal para que isso ocorra, é muito provável que haja reformulações até mesmo radicais na seqüência. Lembro o caso de um orientando extremamente criativo que em uma semana produziu cinco problemas de pesquisa tecnicamente perfeitos, mas nenhum que lhe tivesse despertado paixão. Apenas quando descobriu que a sua relação com o objeto a ser investigado era mais profunda que uma simples, formal e utilitária vinculação é que seu problema pôde ser formulado de maneira definitiva para ele. Quando a escolha finalmente se concretiza, depois de muitas incursões no labirinto das teorias e das metodologias e do afeto, descortina-se uma nova fase. Antes que essa fase se inicie, o orientador deve ficar atento para a exata medida do trabalho a ser realizado: existem orientandos vorazes, que desejam fazer o trabalho de sua vida; existem os orientandos lacônicos, que desejam realizar seu trabalho da forma mais concisa possível; existem os que desejam investigar tudo e mais um pouco, em intermináveis questionários; existem os que pretendem estudar todos os casos; existem os que desejam fazer o mínimo, adotar a mais simples metodologia e as mais fáceis concepções teóricas. Em todos os casos, cabe ao orientador favorecer os ajustes.

Se o orientando, enquanto sujeito, reflete sobre o objeto e sobre sua ação relacionada ao mesmo, se há uma ação e uma reflexão (se há uma práxis), o objeto não se dá a conhecer mais ao mesmo em sua aparência imediata, pois que se trata, agora, de um objeto elaborado e, como tal, resultante da atividade do sujeito. Nesta fase ocorre a percepção secundária. O orientando pode conceituar, descrever, organizar, classificar, enfim pensar sobre o objeto e sobre sua ação, elaborar seu conhecimento, o que afetará seus esquemas e as relações entre eles e que constituem as estruturas, as quais também afetarão a percepção do objeto, em um processo dinâmico.

Para que o objeto elaborado ou apreendido possa se transformar em objeto teórico, em objeto construído segundo as regras da ciência, há um percurso que é necessário seguir e ao qual o orientando deve submeter sua ação, seu fazer. Isso não significa, entretanto, a submissão do pensamento a um método, sob pena de reduzir a teoria a uma simples reprodução condicionada externamente. Um método serve para guiar o sujeito em sua relação com o objeto, mas não deve limitar-lhe os movimentos: a ciência oferece alternativas metodológicas e de coleta de dados que devem ser consideradas na realização do trabalho. É fundamental superar uma certa concepção segundo a qual há uma única, neutra e eficaz maneira de apreender cientificamente o real, pois é apenas desse modo que, partindo de relações do sujeito com o objeto e do avanço proporcionado pela própria ciência no domínio conceitual, vai sendo possível elaborar abstrações cada vez mais sutis, as quais suscitarão a definição de categorias analíticas apropriadas, livres de imperativos. Como já observou Marx ao se referir ao método em economia política, 'o concreto é concreto já que constitui a síntese de numerosas determinações, ou seja, a unidade da diversidade. Para o pensamento, constitui um processo de síntese e um resultado, não um ponto de partida. É para nós o ponto de partida da realidade e, portanto, da percepção e da representação. No primeiro caso, a concepção plena dissolve-se em noções abstratas. No segundo, as noções abstratas permitem reproduzir o concreto pela via do pensamento. (...) o método que consiste em elevar-se do abstrato ao concreto é para o pensamento a forma de se apropriar do concreto, ou seja, o modo de o reproduzir sob a forma de concreto pensado'.

Uma vez seguido esse percurso, que formalmente atravessará a liturgia da defesa do projeto (qualificação), na qual outros sujeitos farão a leitura do que aparentemente é apenas uma intenção, entra-se na fase morfológica, em que se torna imprescindível garantir um bom *design*. Aqui, o orientador deve continuar a ser o mais atento de todos os leitores, o mais cuidadoso, o mais minucioso, o mais rigoroso e exigente. Se não tomar essa atitude, poderá estar condenando seu orientando à imolação no altar em que se processa o ritual de defesa final, pois, se o processo de construção teórica tiver cumprido suas exigências, mas a apresentação não refleti-lo adequadamente, todo o dispêndio de energia intelectual, física e emocional resultará desqualificado, reduzido. Quantas excelentes pesquisas não resultaram em textos confusos, ininteligíveis e inconsistentes!

O momento da defesa é, enfim, a realização extrema de um percurso. É o momento de legitimação perante uma banca de experientes titulados. Se, de um lado, trata-se apenas de um ritual de passagem para um outro nível acadêmico ou para uma carreira, trata-se também, para o orientando, de um momento público de reconhecimento e, para o orientador, de um momento em que se realiza a explicitação da cumplicidade: neste momento, orientando e orientador estarão para sempre ligados àquele trabalho.

Terminada a defesa, o novo titulado, mestre ou doutor, vai voar pelo mundo e o orientador volta à sua sala para continuar suas orientações ainda em andamento e para abrir nova vaga em sua agenda acadêmica, tornando-se objeto de uma outra pré-seleção, da qual ainda não tem a menor idéia, que está sendo desenvolvida por um novo candidato, ainda desconhecido."

Tânia Fischer, professora titular da Escola de Administração da Ufba e coordenadora do Núcleo de Estudos sobre Poder e Organizações Locais (Nepol).[8]

"A SAGA DE UMA DISSERTAÇÃO

Mensagens a F.

Uma dissertação de mestrado é bem mais que um trabalho final de curso. É um processo não-trivial, envolvendo principalmente orientando e orientador, mas também a instituição, a família, afetos os mais diversos, exigências formais internas e externas.

O processo dura o tempo suficiente para refletir a qualidade da interação orientando e quem tenta orientá-lo, a vida da instituição e seus requisitos de qualidade, a inserção das dissertações e teses em pesquisas, as exigências feitas aos bolsistas quanto a prazos e muito mais.

De alguma forma, é um reflexo da vida institucional e da vida dos principais implicados.

Durante 24 meses, F. e eu tivemos um projeto comum: realizar uma dissertação de mestrado. Aluno do NPGA e bolsista Capes, F. passou a mestrando associado ao Núcleo de Pesquisa sobre Poder e Organizações Locais (Nepol) e convivemos durante esse tempo, por e-mails e contatos pessoais.

Desde a primeira até a última mensagem, esta é a saga de um trabalho que requer tempo, dedicação, persistência, um bom projeto e... tolerância de ambas as partes.

Como se pode ver pelas mensagens, a feitura de uma dissertação é um processo imprevisível e cheio de riscos. Mas é também uma rara oportunidade de convívio e aprendizagem.

From: "Tânia Fischer" <nepol@ufba.br>
To: "F" <f@uol.com.br>
Cc: "
Subject: Re: Dissertação
Date: 3 Mar 1999
X-Mailer: Microsoft Outlook Express 4.71.1712.3

Oi, F.

Recebi sua proposta de dissertação. Já tínhamos conversado sobre o tema que está bem sintonizado com a linha de pesquisa do Nepol. Seu trabalho será um subprojeto do estudo sobre Estrangeiros na Bahia: In-

[8] Neste texto colaboraram Dacy Rocha e Anaélia Regina Almeida, secretária-geral e secretária dos bolsistas do NPGA.

terculturalidades e Impactos no Desenvolvimento Local. Como você sabe, os mestrandos freqüentam nossos seminários de pesquisa e participam de todas as atividades. Seja bem-vindo!

Tânia

From: "Tânia Fischer" <nepol@ufba.br>
To: "F" <f@uol.com.br>
Cc: "
Subject: Re: Dissertação
Date: 4 Abr 1999
X-Mailer: Microsoft Outlook Express 4.71.1712.3

Oi, F.

Sim, você deve preencher os formulários da secretaria, cadastrar-se como meu orientando e pegar minha assinatura.

Tânia

From: Tânia Fischer" <nepol@ufba.br>
To: ""F" <f@uol.com.br>
Cc: "
Subject: Re: Dissertação
Date: 1 Mai 1999
X-Mailer: Microsoft Outlook Express 4.71.1712.3

Oi, F.

No próximo dia 10 teremos seminário de pesquisa no Nepol. Gostaria de apresentar os projetos de dissertação para conhecimento dos professores, doutorandos e bolsistas de Iniciação Científica. Prepare uma apresentação de 15 min sobre o projeto, tendo como roteiro o que você estruturou como sumário.

Tânia

From: Tânia Fischer" <nepol@ufba.br>
To: "F" <f@uol.com.br>
Cc: "
Subject: Re: Dissertação
Date: 20 Mai 1999
X-Mailer: Microsoft Outlook Express 4.71.1712.3

Oi, F.

Você fez uma ótima apresentação, só estava um pouco longa. Temos que resolver a questão do seu questionário. Há um instrumento quanti-qualitativo do grupo do PPGA. Vamos ter a ajuda deles na adaptação do instrumento.

Tânia

From: "Tânia Fischer" <nepol@ufba.br>
To: "F" <f@uol.com.br>
Cc: "
Subject: Re: Dissertação
Date: 26 Mai 1999
X-Mailer: Microsoft Outlook Express 4.71.1712.3

Oi, F.

Você, como bolsista de PICDT, deverá apresentar relatório semestral das suas atividades desenvolvidas aqui no curso.

Passe na Secretaria do NPGA para saber quais os procedimentos, pois o seu Programa está cobrando isso.

Tânia

From: "Tânia Fischer" <nepol@ufba.br>
To: "F" <f@uol.com.br>
Cc: "
Subject: Re: Dissertação
Date: 20 Jun 1999
X-Mailer: Microsoft Outlook Express 4.71.1712.3

Oi, F.

Gostaria de ver o capítulo do Marco Teórico. Faltaram referências fundamentais, como já havia dito.

Tânia

From: "Tânia Fischer" <nepol@ufba.br>
To: "F" <f@uol.com.br>
Cc: "
Subject: Re: Dissertação
Date: 8 Ago 1999
X-Mailer: Microsoft Outlook Express 4.71.1712.3

Desaparecido F.,

Onde anda você? Saudades gerais!

Tânia

From: "Tânia Fischer" <nepol@ufba.br>
To: "F" <f@uol.com.br>
Cc: "
Subject: Re: Dissertação
Date: 25 Ago 1999
X-Mailer: Microsoft Outlook Express 4.71.1712.3

Preocupante F.,

O que está acontecendo? Fui informada pela Secretaria que você não conseguiu a média 8. Como você sabe é um requisito fundamental para você continuar a bolsa Capes/PICDT. Este problema deve ser compensado com média mais elevada pra frente.

Tânia

From: "Tânia Fischer" <nepol@ufba.br>
To: "F" <f@uol.com.br>
Cc: "
Subject: Re: Dissertação
Date: 30 Ago 1999
X-Mailer: Microsoft Outlook Express 4.71.1712.3

Oi, F.

Compreendo o seu problema. São coisas da vida e você vai superar; tenho certeza. Apareça para conversar quando quiser.
Abraços,

Tânia

From: "Tânia Fischer" <nepol@ufba.br>
To: "F" <f@uol.com.br>
Cc: "
Subject: Re: Dissertação
Date: 20 Set 1999
X-Mailer: Microsoft Outlook Express 4.71.1712.3

Oi, F.,

Que pena que a empresa X não permitiu que você entrevistasse os americanos.

Fiz nova carta. Pegue na Secretaria. Fiz também contato com R., que foi nosso aluno de Mestrado Profissional. Procure por ele quando retornar à empresa.

Tânia

From: "Tânia Fischer" <nepol@ufba.br>
To: "F" <f@uol.com.br>
Cc: "
Subject: Re: Dissertação
Date: 10 Dez 1999
X-Mailer: Microsoft Outlook Express 4.71.1712.3

Oi, F.,

Agora, vamos ao trabalho de análise. Acho que você pode trabalhar com M., já que vocês aplicaram o mesmo instrumento.

Tânia

From: "Tânia Fischer" <nepol@ufba.br>
To: "F" <f@uol.com.br>
Cc: "
Subject: Re: Dissertação
Date: 11 Mar 2000
X-Mailer: Microsoft Outlook Express 4.71.1712.3

Caro F.,

Acho fantástica a oportunidade de você passar 2 meses em Nova York para melhorar o seu inglês. Mas você não pode acabar sua dissertação antes? A coordenação do NPGA não vai transigir no prazo de 24 meses. Já enviei o texto para o Enanpad.

Tânia

From: "Tânia Fischer" <nepol@ufba.br>
To: "F" <f@uol.com.br>
Cc: "
Subject: Re: Dissertação
Date: 25 Abr 2000
X-Mailer: Microsoft Outlook Express 4.71.1712.3

Oi, F.

Concluiu seu trabalho? Olhe o prazo de entrega que já está vencendo!

Tânia

From: "Tânia Fischer" <nepol@ufba.br>
To: "F" <f@uol.com.br>
Cc: "
Subject: Re: Dissertação
Date: 01 Jun 2000
X-Mailer: Microsoft Outlook Express 4.71.1712.3

Oi, F.,

Que bom que o bom senso venceu. Recebi sua primeira versão. Venha conversar quinta-feira às 9:00 horas.

Há algumas alterações obrigatórias e outras opcionais. De modo geral, acho que vai.

Tânia

From: "Tânia Fischer" <nepol@ufba.br>
To: "F" <f@uol.com.br>
Cc: "
Subject: Re: Dissertação
Date: 25 Jun 2000
X-Mailer: Microsoft Outlook Express 4.71.1712.3

Oi, F,

Lamento não ter-lhe respondido antes. Estou sobrecarregada nesta semana e em dívida com você.

Tânia

From: "Tânia Fischer" <nepol@ufba.br>
To: "F" <f@uol.com.br>
Cc: "
Subject: Re: Dissertação
Date: 30 Jun 2000
X-Mailer: Microsoft Outlook Express 4.71.1712.3

Caro F.,

Vamos para a pré-banca. Depois das alterações, já podemos propor ao Colegiado do NPGA a sua banca.

Não, você não pode indicar os nomes. Mas, não se preocupe.

Está dentro do elenco sobre o qual conversamos. Vá confiante. As qualidades são de sua responsabilidade. As falhas, da minha.

Tânia

From: "Tânia Fischer" <nepol@ufba.br>
To: "F" <f@uol.com.br>
Cc: "
Subject: Re: Dissertação
Date: 11 Jul 2000
X-Mailer: Microsoft Outlook Express 4.71.1712.3

Oi, F.,

Você não pode entregar os exemplares para a banca.

Passe na Secretaria do NPGA para entregar os exemplares da dissertação para serem encaminhados à Banca Examinadora.

Tânia

From: "Tânia Fischer" <nepol@ufba.br>
To: "F" <f@uol.com.br>
Cc: "
Subject: Re: Dissertação
Date: 06 Ago 2000
X-Mailer: Microsoft Outlook Express 4.71.1712.3

Oi, F.,

Achei ótimas as sugestões do prof. Y. Você deve acatá-las, é claro. Melhorará muito o seu trabalho. Para a versão final, não deixe de consultar o Manual de Estilo de Teses e Dissertações do NPGA. Há questões de formato que você não considerou. São 10 exemplares de sua dissertação ao todo.

Tânia

From: "Tânia Fischer" <nepol@ufba.br>
To: "F" <f@uol.com.br>
Cc: "
Subject: Re: Dissertação
Date: 20 Ago 2000
X-Mailer: Microsoft Outlook Express 4.71.1712.3

Caro F.,

Sua banca está marcada para o dia 15, com homologação do Colegiado. Ótimo o trabalho ter sido aceito no Enanpad. Assim, você já cumpriu um dos requisitos do NPGA. Falta a publicação em revista da área. Vamos tentar?

Tânia

From: Tânia Fischer" <nepol@ufba.br>
To: "F" <f@uol.com.br>
Cc: "
Subject: Re: Dissertação
Date: 30 Ago 2000
X-Mailer: Microsoft Outlook Express 4.71.1712.3

Oi, F.

Seu trabalho foi indicado para publicação pelo Colegiado. Não esqueça, temos que fazer a versão final para a revista.

Tânia

From: "Tânia Fischer" <nepol@ufba.br>
To: "F" <f@uol.com.br>
Cc: "
Subject: Re: Dissertação
Date: 10 Out 2000
X-Mailer: Microsoft Outlook Express 4.71.1712.3

Caríssimo F.,

Recebi o artigo para a revista. Acho que ficou bom. Foi ótimo ter trabalhado com você. Vou dar a carta que você me pediu para o doutorado.

Em Nova York, procure a profa. Z, com quem já me comuniquei. Boa-sorte!

Não esqueça os prazos CNPq e Capes!

Abraços,

Tânia."

Da autora

Decidi me dedicar ao mundo acadêmico em 1985, quando me mudei para São Paulo para fazer o mestrado. Rompi com uma carreira de consultora, até então bem-sucedida, mas muito limitada aos "comos" quando eu estava interessada nos "porquês". Fui carinhosamente chamada de louca pelas pessoas que me amam e que não compreendiam bem por que eu tinha necessidade de uma virada.

O mestrado foi um momento de grandes revelações e, se me causou algumas dores, também fortaleceu o meu interesse em aprofundar meus estudos. A área de administração caracteriza-se por uma grande ênfase no pragmatismo, ficando a reflexão geralmente embotada.

Escolhi como objeto da minha dissertação um tema que não tinha grande importância ainda no Brasil e, como a bibliografia era quase inexistente, fiz um intercâmbio na New York University, onde colhi todo o material que havia na época sobre o assunto. A minha dissertação foi defendida em 1989 e em 1991, com alguns ajustes, publicada pela McGraw-Hill/Makron, com o título *Cultura organizacional: formação, tipologias e impactos.*

Minha estréia como professora deu-se na Escola de Minas, da Universidade Federal de Ouro Preto, em 1987. Na época, os alunos de engenharia estavam em pé de guerra por terem sido obrigados a acatar uma mudança de *curriculum* que tornara compulsório o ensino de algumas disciplinas de administração no último ano. Tivemos algumas quedas-de-braço. Afinal, o que uma mulher que não era engenheira nem mineira estava fazendo ali? Depois nos acertamos e mantivemos uma convivência muito rica.

Eu era professora-substituta e o Sarney tinha proibido as universidades de fazer concursos, então tive a rara experiência de viver três semestres durante um ano, pois as universidades estavam recuperando o calendário, depois de longas e agitadas greves. No final de 1988, o MEC autorizou concursos públicos e fui aprovada na Universidade Federal de Uberlândia, onde fiquei até janeiro de 1992. Nesse meio tempo comecei o doutorado, viajando toda semana para São Paulo. No final de 1991, passei no concurso da EAESP/FGV para o Departamento de Administração Geral e Recursos Humanos, o que pôs um fim no martírio de ser acadêmica-caixeira-viajante. Pude me dedicar mais ao doutorado e aprofundar a análise do meu objeto de estudo, que continuava o mesmo, porém a partir de uma perspectiva crítica.

Em 1994, o meu sempre orientador, professor Fernando C. Prestes Motta, me sugeriu participar do Programa Bolsa Sanduíche da Capes. Fui para a Université de Paris VII, onde tive a honra de ter o professor Eugène Enriquez como orientador até o início de 1996. Voltei para casa e para as aulas, e concluí a tese, que foi defendida no primeiro semestre de 1997. Dela também resultou um livro, publicado em 1999 pela Editora FGV com o título *Cultura organizacional: identidade, sedução e carisma?* Entre uma coisa e outra, escrevi um livro chamado *A história de um sonho*, sobre o concurso nacional de projetos sociais desenvolvidos por alunos de graduação em administração, promovido pela Fenead. Foi uma linda experiência! Além desses bebês de papel exclusivos, tenho participado de coletâneas e escrito vários artigos na área.

Exerço a atividade acadêmica de maneira exclusiva. Isso significa ouvir umas coisas bem estranhas de vez em quando, como: "além de dar aulas, você trabalha?" ou "você não sente falta do mundo real?". A gente tem mais é que rir disso! Não poderia pensar hoje a minha vida profissional ocupada com outra coisa, gosto muito do que faço e me envolvo completamente nos meus deveres de classe e de casa. A maior gratificação não é monetária, ela vem do próprio trabalho, que requer desprendimento, dedicação, uma paciência brutal e vontade de aprender sempre. Nada é irrelevante!

Credito a este livro uma importância que talvez não venha a se confirmar, mas vejo a necessidade urgente de o trabalho acadêmico ser mais bem compreendido e valorizado. O mundo das profissões propicia hoje uma série de oportunidades de grandes salários e carreiras rápidas e tentadoras. O Brasil carece desesperadamente de melhorar a qualificação dos profissionais de ensino e pesquisa, que trabalham em condições muitas vezes vergonhosas. É importante que a sociedade perceba que a academia não é um reduto separado do mundo numa torre de marfim. É importante que os aspirantes a esta profissão tenham em mente que não receberão grandes aplausos no curto prazo e, às vezes, nem no longo, mas sua "matéria-prima" básica é, em essência, o ser humano e aquilo que ele tem de mais primoroso: a capacidade de aprender e transformar o mundo num lugar melhor para se viver. Considero-me privilegiada e ainda me emociono por participar disso tudo.

Se você, leitor, ainda não está no mundo acadêmico e pretende ingressar nele: bem-vindo ao Mundo Real! Se você quiser falar comigo ou com quaisquer dos meus convidados, por favor use o *e-mail* abaixo. Obrigada por ter-me acompanhado até aqui.

Maria Ester de Freitas
mfreitas@fgvsp.br

Outros livros de interesse

(Títulos já publicados)

Arte de apresentar idéias novas (3ª edição)
Eugene Raudsepp
124p.

As cores de Acari: uma favela carioca
Marcos Alvito
340p.

Como fazer monografia na prática (6ª edição)
Coleção FGV Prática
Takeshy Tachizawa e Gildásio Mendes
140p.

Corrupção e reforma política no Brasil — o impacto do *impeachment* de Collor
Keith S. Rosenn e Richard Downes (orgs.)
240p.

Cultura organizacional: identidade, sedução e carisma (2ª edição)
Maria Ester de Freitas
180p.

Dicionário histórico-biográfico brasileiro pós-1930 (5 volumes, cartonado)
Alzira Alves de Abreu, Israel Beloch, Fernando Lattman-Weltman e Sérgio Tadeu de Niemeyer Lamarão (coords.)
6.252p.

Multipartidarismo e democracia: um estudo sobre o sistema partidário brasileiro (1985-94)
Jairo Marconi Nicolau
128p.

A nova gestão do futebol
Antonio Carlos K. Aidar, Marvio P. Leoncini e João José de Oliveira (orgs.)
204p.

A reinvenção do sertão: a estratégia organizacional de Canudos
Paulo Emílio Matos Martins
276p.

Vida psíquica e organização
Fernando C. P. Motta e Maria Ester de Freitas (orgs.)
152p.
